JN408711

유인자 시집

문학공원 시선 210

분만 왕진 가던 날

유인자 시집

좁은 터널에서 머리통이 들락거린다
힘들고 지친 땀 전신에 물 흐른다
턱 잡고 옆으로 돌려 무를 뽑듯이 조심스럽게 뽑아냈다
엷은 푸른 몽고반점의 아기는 미끌미끌하다

문학공원

자서

시인의 꿈을 놓지 않고 살아와

학창시절 문예반에서 내가 쓴 시 한 수가 교지에 실리게 되면서 선생님으로부터 "인자는 앞으로 시인이 되겠구나!"라는 말씀을 전해 들은 이후부터 시인을 꿈꾸게 되었습니다. 시인이라는 꿈을 가슴에 품고 여기까지 달려왔습니다. 거친 파도 헤쳐 가며 숨 가쁘게…….

1973년에 미국 펜실베니아주 필라델피아로 이민을 와서 지금 살고 있는 뉴저지에 살면서도 일하며 목사인 남편을 섬기며 믿음으로 자녀들을 양육하면서도 시인이라는 꿈을 놓지 않고 좋은 양서들을 읽으며 글 공부에 전념을 해왔습니다.

뉴욕 중앙일보 문학교실에서 김정기 선생님으로부터 많은 지도를 받았습니다. 문우들과 함께하면서 이 지면을 통해서나마 감사한 마음을 듬뿍 담아 봅니다.

또한 청솔 윤영미 시인 선생님께서 용기와 힘을 실어주면서 힘겨워할 때 많은 배려와 격려를 해주며 길을 안내해 주었습니다. 감사한 마음 또한 듬뿍 담아 봅니다.

오늘 이 시간이 있기까지 탄생되게 해 주신 김정기 시인 선생님과 서문을 써주신 청솔 윤영미 시인 선생님, 그리고 해설을 맡아 써주신 ≪스토리문학≫ 김순진 교수님께 진심으로 감사를 드립니다.

끝으로 사랑하는 딸 현주 현정이와 아들 영진이에게도 감사하는 마음을 전합니다. 저스틴 이어린(자부)에게도…….

특히나 얼마 전에 세상을 떠나신 남편 목사님께 진심으로 감사한 마음 전하며 흐르는 눈물을 감출 길이 없습니다.

이 모든 것들이 하나님의 은혜인 줄 믿고 모든 영광 하나님께 올려 드립니다.

2022년 중추

유 인 자

서문

슬픔도 고통도 아름다운 노래가 되어

윤영미(시인 · 한국스토리문인협회 미주지부장)

오랜 세월 끊임없이 달려온 인생의 마라톤 끝에 얻어진 환희의 꽃다발이 가슴에 안겨지고 있다. 꿈은 꿈틀거려야 한다. 꿈이 계속해서 꿈틀거리지 않으면 굳어버리기 때문이다. 그동안 유인자 시인은 1973년 미국으로 이민을 온 이래로 시를 향한 한결같은 마음으로 노력을 아끼지 않고 달려오셨다.

긴 시간 속을 쉬지 않고 달려오시며 흘리신 땀방울로 한 편 한 편의 시들이 꽃으로 피어났고, 이제 첫 시집이라는 꽃다발이 유인자 선생님께 안겨지고 있다.

그 환희에 찬 기쁨과 감격을 그 누가 알 수 있으랴.한 편 한 편의 시가 들꽃 같아서 숙연해지지 않을 수가 없다. 요즈음 같이 공해에 매연에 오물에 찌들고 있는 세상에서 때 묻지 않은 시를 신선함으로 대할 수 있는 있다는 것 참으로 행복한 일이다.

그녀가 살아온 길은 일인사역(一人四役)의 길이었다. 그 길은 간호사로서, 목사 사모로서, 어머니로서, 문학도로서의 길로 어느 길 하나 포기할 수 없는 올곧은 인생길이었다.

흐트러짐 없이 슬하에 아들과 딸들을 훌륭하게 키워내며 이제 자랑스러운 아내요, 훌륭한 어머니요, 시인이자 수필가로 우뚝 섰으니 이 모든 것들이 하나님의 은혜가 아닌가!

얼마 전에 부군이신 목사님을 먼저 천국으로 보내시고 오늘도 닿을 수 없는 그리움으로 하얀 눈물을 흘리고 계실 유 선생님께 이번 첫 시집은 더없는 위안이 되실 것 같다.

삶은 때때로 힘들지만 아픔이 있다는 건 아직 해야 할 일이 남아 있고 꿈을 향해 걸어가야 한다는 것이다. 남은 인생은 글쓰기와 동반자가 되길 바라며, 언제나 겸손과 후덕함으로 타인들의 근본이 되시는 유인자 선생님의 앞길에 한없는 하나님의 축복이 가득하길 빈다.

견디고 또 견디다 보면 언젠가는 슬픔도 고통도 아름다운 노래가 되어 두 번째 시집으로 꽃을 피우리라.

차례

자서 - 시인의 꿈을 놓지 않고 살아와 … 4
서문 - 윤영미 한국스토리문인협회 미주지부장 … 6

1부.

어느 기러기의 여름 오후

다이나 쇼 … 14
작은 구두 … 16
야외 식당 … 17
분만 왕진 가던 날 … 18
뒤집힌 보트 … 20
얄미운 토끼 … 22
어느 기러기의 여름 오후 … 24
사슴 가족 … 26
갈매기 … 28
거미의 지혜 … 29
돌아온 오리 … 30
거북이 … 32
벌(bee) … 33
개미(ant) 스승 … 34
동행 … 35
물새 … 36
알 품은 물오리 … 37
불청객 … 38
참새 두 마리 … 40
골목에서 만난 사슴 … 41

2부.

언니 속의 엄마

거절하다 … 44
언니 속의 엄마 … 46
병실에서 … 48
할머니의 통곡 … 49
선물 … 50
걸음 연습 … 51
유년 시절의 기억 … 52
깃털이 되다 … 53
예감 … 54
지성감천 … 56
적막을 깨다 … 57
그리운 고향 … 58
고향의 소리 … 60
공원 놀이터 … 62
가족의 고통 … 64
아이의 그림 노트 … 66
부지런한 사람 … 67
한 줄기 빛 … 68

차례

3부.

손오공이 나를 데리고

늦봄에 내린 설경 … 72
바다 … 73
작은 별 … 74
맑은 물 … 75
눈사람 … 76
봄바람 … 77
어떤 포옹 … 78
초저녁 별빛 … 79
손오공이 나를 데리고 … 80
맑은 호수가 되다 … 81
지팡이와 장화 … 82
봄 소묘 … 83
생기가 돌다 … 84
숲속 … 85
꽃밭을 일구다 … 86
나무의 지혜 … 87
좁은 가을 길 … 88
나무 … 89
가을 부슬비 … 90
그리운 친구 … 91
노을 질 때 … 92

4부.

흔들리는 갈대

나팔꽃 … 94
흔들리는 갈대 … 95
주워온 장미 화분 … 96
버섯 … 97
변화된 꽃 … 98
멸망시키다 … 99
부상 당한 해바라기 … 100
분홍색 데이지 … 101
석류 … 102
소나무 삼 형제 … 103
팔 긴 담쟁이 … 104
장미꽃 기다림 … 105
한 폭의 쑥갓 … 106
화난 꽃들 … 107
호수 속 … 108
나무를 자르며 … 110
옷 벗은 고무나무 … 111
콩잎 … 112
야산 … 113
국화 … 114
달과 국화 … 115
감 … 116
낙엽이 떨어지면 … 117

5부.

겟세마네 동산

가나에 혼인잔치 … 120
마사다(masada) … 122
겟세마네 동산 … 123
촛불 기도 … 124
순결한 눈 … 126
새벽 기도 … 128
복음의 씨 … 130
칭찬에 새 힘을 얻다 … 132
천둥 번개 치는 저녁 … 134
성지순례에서 … 136

작품해설 … 140
김순진(문학평론가 · 고려대 평생교육원 교수)
- 노력은 성공의 어머니란 말을 인증하는 시

1부
어느 기러기의 여름 오후

다이나 쇼

극장 입구에서 노란 안경테의 선글라스를 받아
쓰고 극장 안으로 들어갔다
의자의 안전벨트를 단단히 묶고
손잡이를 꼭 잡으라는 안내원의 설명이 끝난 순간
극장 안의 불은 일제히 꺼졌고
암흑이 내 몸을 둘러쌌다
순간 의자가 높이 붕 하고 올라간다

다이나 쇼가 시작되면서
갑자기 앉은 의자가 사정없이 좌우로 흔들리고
사나운 큰 짐승이 물 속에서 뛰쳐나왔다
내가 탄 배를 공격하려고 달려들었다
배는 미친 듯이 방황하며
갈 곳을 못 찾아 길 잃고 헤맨다

물불 가리지 않고 가는 배가
큰 바위에 부딪힐까 봐 겁이 난 순간
화산이 펑 터지면서 불바다가 되었다
굶주림에 성난 악어는 사람을 삼키려고
큰 이빨과 칼날 같은 긴 발톱
날름거리는 긴 혀에 독을 뿜어내며

광란성의 눈빛으로 나를 삼키려고 가까이 달려왔다
쇼라는 것을 인식하였지만 의자가 사정없이 흔들려
정신 못 차리게 해 현실 같은 착각에
정신이 혼미해졌다

입체영화의 아슬아슬한 장면에
심장이 두근거리였다
광란으로 날뛰는 악어의 입속으로
수많은 물고기들이 들어가고
작은 고기떼들이 내 입속으로 들어오는 느낌에
구토증이 일어났다

내가 탄 배를 뒤따라오는 악어는 괴성을 내지르면서
내 배를 돌격하여 격파시켰다
배의 유리창은 산산조각으로 박살이 났고
두려움과 공포에 헤맬 때
순간 입체영화 다이나 쇼는 끝났다
이마에 식은땀이 흥건하다

작은 구두

신발장에 나란히 있는 손자의 작은 구두
타주로 이사 가면서 놓고 갔다
아무도 치우는 사람 없어
항상 그 자리에 있는 구두를 볼 적마다
밖에 나가 놀자며 졸라대는
손자의 목소리가 내 귀에 살아나온다

저 구두 신고 텃밭에 당근 씨
엄마와 함께 뿌리면서
온몸이 흙투성가 된 채
모래와 흙은 구두 속에 집짓는다

구두야, 넌 커가지 못하지만
손자는 매일 커가며 지금 킹드가튼 학생이 되었단다
요술쟁이 할머니가 크게 만들면 청년이 되어서도
이 구두 신고 거친 세상 헤쳐 나갈
능력과 지혜가 생길 것이다

그럼 너를 잘 보관해 놓겠다
손자가 자란 후 grand mom이
선물한 작은 구두라고 보여줘야지

야외 식당

울타리 안에 핀 꽃들
수다 떨며 지나가는 행인에게 미소짓네
경쾌한 날씨는 내 옷자락 잡아당겨
놀아달라고 아이처럼 보채네

구름 떼 같이 몰려온 인파로
발 디딜 틈 없이 북적거리는
볼티모어 바닷가 야외 식당
사람들의 아우성 혼잡스러워
음식 주문하기도 복잡하네
먼저 자리 잡은 연인 남녀
얼굴 맞대고 눈빛과 눈빛 마주쳐가며
즐겁게 식사하는 모습을 보는 것조차 귀엽네

테이블 장미꽃 위에 앉은 얼룩 나비
음식을 오더해놓고 기다리고 있는 중인가
내 테이블에서 떠나지 않네

식사가 끝나고 바닷가에 앉아
천금 같은 귀한 휴식에
정신이 맑아지네

분만 왕진 가던 날

황금 물결치는 넓은 들녘
농촌 좁은 가을 길을 자전거로 친구와 같이
분만 왕진을 가는데 마음이 급하다
빨리빨리 페달을 밟는다
뒤따라오는 친구는 숨이 차다며
천천히 가자고 소리친다
나는 못 들은 척 더욱 빨리 페달을 밟는다

조산원을 기다리는 가족들은 애가 타
이마에 손 얹어 노을 지는 서쪽 하늘을 바라보다가
흰옷 입은 유니폼 보고 반가워 소리친다
여기에요 여기에요
며칠 전부터 산고로 고통 중이란다
좁은 터널에서 머리통이 들락거린다
힘들고 지친 땀 전신에 물 흐른다
턱 잡고 옆으로 돌려 무를 뽑듯이 조심스럽게 뽑아냈다
엷은 푸른 몽고반점의 아기는 미끌미끌하다
손가락을 갈고리 모양을 만들어
거꾸로 들고 엉덩이를 쳐야 하는데
친구는 못 하겠다고 고개를 돌린다

<

가슴과 손은 떨려 요동치는 숨을 고르며
아이를 거꾸로 들고 웅덩이 쳤다
앵… 하고 숨통 열리는 고고의 소리에
하늘에도 아기별이 탄생했다

뒤집힌 보트

헉헉거리는 한 여름 더위에
시원한 수영장에 들어가 씻으라는 아들 성화에
나는 대꾸도 않고 신문만 읽는다
아들 친구 가족리 떼로 몰려와
바비큐하고 왁자지껄이지만
나는 수영하기 싫었다

언니한테 전화가 왔다
레슨 받고 한 달 동안 수영을 했더니
잔병이 사라지고 몸이 가벼워
밤에 단잠을 잔다며 좋아하신다
그 소리에 샘이 나서
수영장에 발 담그고 있는데
아들은 물속에 들어가라고 한다
아들아, 엄마 몇 살이야?
몰라요

아들은 나를 고무보트에 올려놓았다
맑은 하늘에 흰 구름이 유유히 흘러간다
시원한 바람 안고 보트에 잠들어
넓은 바다를 항해하는 고래꿈을 꾸었다

<

혼자 내려오다 중심 못 잡고
그만 보트가 뒤집히고 말았다
허우적거리는 나를 꺼낸 아들은
엄마 몇 살이에요
몰라

얄미운 토끼

무성히 자라 씨 맺으려고 준비 중인 상추를
아침에 텃밭 거닐다가
우듬지가 모두 잘려 나간 것을 발견하였다
오, 마이 갓!
토끼가 몰래 우듬지를 잘라 먹었다
상추의 키가 상당히 높았는데
뛰어서 연한 우듬지를 잘라먹은 것이 참 묘하다

나는 내년에 심을 씨가 없게 되자 화가났다
토끼 보기만 해라 가만두지 않을테다
벼르고 있었지만 낮에는 눈에 띄지 않았다

갑자기 다람쥐 두 마리가 내 앞을 지나간다
상추 우듬지 누가 잘라먹었는지 넌 알고 있겠지
동물들도 서로 감싸주며 말하지 않고
뚫어져라, 나를 바라보더니 대답 못하겠다고
나무 위로 쏜살같이 올라갔다

아침에 토끼 부부를 만났다
죄가 있어 내가 무서운지
암컷은 도망가 멀리 서 있고

수컷은 웅크리고 앉아서 배고파서 먹었다면서
당당하게 나를 바라보고 있었다
뻔뻔한 토끼가 한없이 얄밉다

어느 기러기의 여름 오후

먹구름이 몰려오는 오후 3시 구름 사이로
희미한 햇빛이 숨바꼭질하듯 사이사이로 얼굴을 내민다
피잣집 소년은 팔다 남은 빵 덩어리를 잔디 위에 멀리멀리 던진다
그 냄새에 도취된 기러기 가족
참새. 까마귀 이름 모르는 새떼들이 순식간에 몰려와
빵을 쪼아먹는 데만 온 정신이 팔려 있다
하늘 위를 빙빙 돌던 독수리 한 마리
높은 나무 꼭대기에 내려앉아
무엇인가 골몰하게 깊은 생각에 잠긴다

땅 아래를 내려다보는 독수리는 어린 기러기한테 눈독을 들이고
총알처럼 내려와 새끼 한 마리를 순식간에 움켜쥐고 날아간다
놀랜 어미는 소리치고 서로 빼앗으려고 싸운다
독수리가 움켜쥔 새끼는 땅에 떨어졌다
어미는 오랜 시간을 새끼 죽음을 지켜보면서
검은 구름이 바람과 소낙비가 천둥 번개가 걷잡을 수 없이 요란하여도
부동자세로 죽은 새기를 물에 떠밀려가지 못하게

날개 속에 넣고 비를 맞고 있다

햇볕 바른 언덕에 묻어준 은인을 찾아온 어미의
꽉 소리로 아픔을 다스린 여름날 오후다

사슴 가족

하이웨이 길 양쪽 길은 너무도 판이하게
한쪽은 나무그늘로 어둡다
반대편은 밝은 조명으로 햇빛은 나뭇가지 위에
앉아 잎새마다 어루만져 조물주의 깊은 사랑을 전한다
아침 출근길 트래픽으로 길이 막혀
차들이 기어가고 있는 숨 막히는 시간

수풀을 헤치고 조용히 나오는 사슴 한 마리
조심스럽게 주위를 살피더니 고개를 숙이고 살금살금 나온다
머리에 큰 뿔 안테나를 높이 세우고
무엇인가 찾으려고 골똘히 머리짓을 한다
어미 뒤를 졸졸 따라 나오는 새끼 세 마리
햇빛은 사슴 등에 찬란한 금빛으로 색칠을 한다
금빛 나는 사슴과 청청한 푸른 나뭇잎
한데 아울러 그림 한 폭이 된다
다섯 마리 사슴 가족은 교통이 막혀 있는 차들을 향하여
무대의 배우처럼 자기들의 자태를 발산한다

악의 없는 사슴을 보면 왠지 기쁘다

귀여운 아기사슴들을 보면 가슴이 환해진다
나도 내 품속에 여러 사슴이 산다

갈매기

평등하고 평화롭다
온 땅과 만물이 은빛으로 장식되어
눈 덮힌 산야를 지나는 바람소리

바다의 갈매기는 먹을 양식을
사람들이 모여드는 쇼핑센터에서 찾는다
창문으로 먹이를 던져주었다
순식간에 쪼아 먹는 갈매기는 고개 들고
더 없느냐고 얼굴을 바라보고 있다
식품점에 뛰어가 한 아름 사다 사방으로 뿌려주었다

까마귀 참새들도 냄새를 맡고 몰려와
허기진 배를 채우기에 정신이 없다
추운 겨울날 잔치를 베풀어
부쩍 뒤를 돌아보게 하는 나의 하루는
은빛 기러기가 된다

거미의 지혜

천장에서 은실 뽑으면서 내려오는 거미
건축 설계 인터리어 모든 기술을 갖춘 거미가 혼 집을 짓고 있다
네오나르도 다빈치는 거미한테 사사받았나 보다

독서 계절 책 읽는 눈앞에서 맴도는 파리 두 마리
나를 몹시 괴롭히는 파리가 미워
한 마리는 파리채로 잡았다
다른 한 마리는 도망쳐 소식도 없다
저녁 무렵 미완성 거미집에 걸린 파리는
실망에서 빠져나오려고 몸부림친다
사람이 올무에 걸려 고통스러워하니
도와주고 싶지만 파리는 해롭다

작은 거미가 큰 파리 먹잇감 놓치지 않으려고
맹렬한 격투 중이고 가슴 떨려온다
적군에게 쫓겨 피신한 장군
은실 뽑아 구멍 막아 생명 구해준 거미
파리 몸을 실로 칭칭 감고 호흡이 정지된 것을 확인한다
하찮은 미생물의 지혜도 교훈과 연구대상이 된다

돌아온 오리

조용한 아침 햇빛은 구름에 숨겨져
오월의 하늘이 우울해 보인다
수많은 오리 떼들이 잔디에 앉아
풀을 뜯어 먹으며 아침 식사 중이다
차 클랙슨 소리에 놀란 오리 떼들이 날아간다

왼쪽 다리를 질질 끌면서 걷는 오리 옆에
건강한 오리가 뒤따라간다
끔찍한 상처에 피를 흘리고 있다
나는 동물보호센터에 신고했다
상처 난 오리를 싣고가는 차 뒤를 바라보는
오리가 가엾게 보였다
호수에 떠 있는 아홉 쌍의 오리 중
외톨이가 된 오리가 구석에서 먹이를 찾고 있다

어느 날 보니 열 쌍의 오리가
호수에서 물놀이에 즐기고 있었다
완치된 오리를 호수에 놓고 갔다는
동물보호센터 요원은
일찍 발견해서 세포가 죽지 않아서
완쾌가 빨랐다고 하였다

<

절둑거리며 산책하는 오리 한 쌍을 볼 때마다
내 마음 한없이 기쁘다

거북이

건너편 호수를 무심코 바라보니
스산한 바람이 언덕을 넘어
나뭇가지에 서서 가을 소식을 전한다

물결 출렁이며 나오는 거무튀튀한 거북이가
긴 목을 늘여 빼고 두 눈에 켜진 빛이
태양 빛과 맞부딪혀 폭탄처럼 발사된다

물을 헤집고 가다가 골똘한 생각에 잠겨
하늘 올려보고 물속에 깊이 숨었다
물거품 토해내며 빨간 단풍 한 잎 등에 업고
적군을 염탐하듯 사면을 살핀다

이순신 장군이 참혹한 전쟁터에서
거북선으로 왜적을 물리치고
승리의 함성을 지르는 소리가 내 귀에 들려온다
거북선 창안한 우리 민족의 현명한 통찰력과
지혜에 감격하며 고개 숙여진다

벌(bee)

안개 짙게 내려앉은 늦은 아침
모자 쓰고 잡풀 뽑고 있는데
복병의 벌 한 마리 소란 피우며
왕왕, 소리로 나를 포위한다
한 마리 벌 대수롭지 않았다
빙빙 맴도는 벌을 관찰하니
무지갯빛 날개 찬란하다
자태를 뽐내는 호랑나비와 흡사하다
따라다니면서 외치는 소리에 겁이 났다

어릴 적 벌이 이마를 쏴 고생했던 기억이 나서
일어나는 순간 종아리를 쏘고 자취를 감추었다
다행히 굴은 쏘지 않아서 감사했지만
200개의 눈을 가진 벌은
생명의 침을 내 종아리에 박고 자살했다
못난 벌

개미(ant) 스승

햇빛과 구름이 왔다 갔다 하는 혼란스런 오후
햇빛은 구름 몰아내고 나뭇가지에 앉아있었다
나는 나무를 심으려고 흙 고르고 돌멩이 골라냈다
오래전부터 땅을 차지하고 누워있는 나무토막
발로 차니 힘없이 굴러간다
나무토막 밑에 살았던 수억의 개미 떼들이
알만 남겨놓고 줄지어 도망친다
작은 진주보석을 수북하게
쌓아놓은 것 같이 햇빛에 반짝인다

개미는 게으른 자와 우둔한 자에게
지혜와 교훈을 주는 작은 곤충이다
긴긴 여름 요새의 궁전 나무토막에서
모아둔 식량으로 추운 겨울 굶주림 없이 편안히 사는
개미는 나의 스승이다

동행

파란 잔디 위에 뒹굴며 애교 떠는 강아지
풀잎으로 이를 닦고 하늘 보는 눈에
푸른 별빛이 반짝인다
잔디 위에 앉은 눈처럼 하얀 강아지의 자태가
의기양양한 여왕 같구나

사람 닮은 동그란 눈을 들여다보면
나도 모르게 연민이 쏟아져
사랑하는 내 동생의 눈빛이 떠오른다
장 수술한 후 강아지와 매일 산책을 즐기고
열심히 걷는 운동으로 놀라운 회복에 감사하며
오늘도 강아지와 함께 길 걷는다

물새

거센 물결 헤치며 유유히 가는 유람선에서
가족과 즐기면서 쌓였던 노고를 녹아내고 있다
배가 양쪽으로 흰 거품을 밀어내면
금방 파란 물결이 된다
어디서부터 따라왔는지
물새 한 마리 물결 헤집고 계속 따라온다
사공이 좋아서일까
아니면 배 안에 좋은 친구가 있나
결사적으로 따라오는 이유가 있을 것 같다

불치병 남자와 결혼한 신부
신랑 따르는 첫날이 생각난다
물새아 왜 우느냐
너도 내 마음 같아 우느냐
젊고 아름다운 신부의 노래가 떠오른다

순간 쉬지 않고 따라오는 물새를
사랑하는 마음이 생겨 유람선에서 내려오기 싫었다
물새야 넌 오늘 밤 어디에서
잠 자려느냐

알 품은 물오리

인기척 드문 풀 속에 깃털 깔고 앉아있는 물오리
유심히 바라보니 품고 있는 알을 계속 돌리면서
반짝거리는 눈동자로 나에게 집중한다
갑자기 사나운 눈빛으로 달려온 수컷이
나를 부리로 찍으려고 가까이 와서 소리친다

알 품은 암컷 곁에 먹이를 놓아주었다
수컷의 눈빛은 순해졌고
초조한 암컷은 곧 부화되려는 알 옆에
호흡을 불어넣으려고 기다리고 있다

나무 위에 앉은 까마귀 세 마리도
새끼들이 나오는 것을 지켜보고 있다
새끼들이 나오는 것을 지켜보는 동물들도 행복한지
내가 모르는 언어로 재잘거린다
드디어 일곱 명의 가족이 형성되었다

불청객

여름철이면 가족의 피서지는 수영장에서
더위를 시키고 손자들과 물놀이하면서
추억도 쌓고 즐기면서 여름을 보냈었는데
세상은 걷잡을 수 없는 두려움과 공포가 난무한
죽음으로 몰고 가는 참혹한 코로나 때문에
2년 동안 수영장 문 닫았다

그런데 수영장에서 개구리 울음소리가 들린다
초대한 일 없는 불청객 도적같이 들어와
수영장 점령하고 밤이면 시끄럽게 울어댄다
남편은 휴식을 방해한다고 당장 없애라고 성화다
아들은 동물학대법에 걸린다면서
쉬는 날 처리한다고 한다

일 주가 지난 밤 우렁차고 굵직한 소리로
밤마다 울어서 시끄러웠다
귀 기울여 들어봤다
개구리 소리가 아닌 수컷 두꺼비가
목 터지도록 구애하는 처량한 소리다
수컷 세 마리는 밤 8시가 되면 울기 시작한다
암컷을 못 찾아 몇 날을 울어도 목만 아프고

우리의 휴식만 방해하였다

다행이다 개구리라 올챙이가 부화되었다면
수영장은 개구리 서식장 되고 영업은 망칠 뻔했다
두꺼비는 낮에는 보이지 않고 울지도 않는다
밤 8시 울기 시작할 때 망으로 잡아서
암컷 찾아서 결혼하라고 밤중에 냇가로 보내주었다

참새 두 마리

이른 초여름 청명한 아침
참새우는 소리가 귓전을 때린다
한 마리가 아닌 두 마리 소리다
새소리는 정겹게 흐르는 멜로디같이
연주하듯 기쁜 소리인데 참 이상하다

독일 여자가 세탁을 맡기고 가면서
노랑 끈에 목이 감긴 참새가 질식하여
죽어간다며 슬픈 표정이다
2층에 사는 청년이 에어컨을 설치할 때
창밖에 놓은 노랑 끈에 목이 감겨
몸부림치며 살려달라고 애원하는 소리였다
주위를 맴돌며 도와 달라고
목청껏 소리치는 새는 어미인듯하다

골목에서 만난 사슴

동트는 아침 아직은 어두움이 머물러 있다
골목에 서 있는 두 마리 사슴의 순한 눈망울과
마주친 내 눈도 순해졌다
시장하여 밤새 잠 못 이루고 먹이 찾아 나온 듯
두리번거리는 커다란 눈동자를 본
나 역시 배고픔이 찾아들었다
먹이를 주려고 가방에서 쿠키를 찾았으나 없다
전날에 우는 아이에게 준 것을 깜빡 잊었다
달리는 차 뒷좌석에서 멀리 바라봤으나
그 자리에 그냥 서 있다
어쩐지 미안한 마음 금치 못했다

다시 만나면 쿠키 주려고 같은 장소에 왔는데
어린 새끼만 좀 떨어진 곳에 있어서
몽땅 쿠키를 던져주고 뒤돌아보니
사슴 세 마리가 고개 숙이고 먹는 장면을 본
나의 하루가 사뭇 기뻤다

빨갛게 물들어가는 가을의
향기로운 냄새가 내 몸을 감싸주니
노을 지는 가을 저녁도 참 신비롭구나

2부

언니 속의 엄마

거절하다

찬양 준비에 몰두한 봄날 오후
어디서 본 듯한 아리송한 분과
2시간 운전하고 뉴욕에 왔다는 직장 전 주인이
한참 뜸 들인 후 말을 꺼냈다
의지할 자 만나 재혼하면 안 되겠습니까
글쎄요

결혼 승낙을 받으려고 두 분이 멀리서 같이 오다가
어느 날 혼자 온 사나이
제가 먼저 고백하면 될까요
남몰래 불타오르는 열정
괴롭고 설레이는 숨은 심정
친구에게 들키고 말았다

부지런함과 성실성
진실하고 따뜻한 인상
당신은 내 가슴속에 오래전 살고 있었습니다
경제적 어려움 없다고 귀에 솔깃한
감언이설로 유혹합니다

흠모할 만한 훤칠한 키 큰 사나이

왜 이리 매달리는지
내 가슴 속 큰 바위가 요동치지 않음을 모르는
가엾고 얄미운 사나이는 오늘 대답 못하면
다음 주에 승낙해 달라는 동정의 눈빛이다

밤이면 악몽으로 잠 설친다
스스로 늪 속에 빠져 허우적거리는 내 모습 비참하다
장미꽃 한 아름 안겨주는 사나이
꽃은 박대할 수 없어서 받지만 내 대답은

좀 늦었습니다 죄송합니다

언니 속의 엄마

작은 정원을 정성스럽게 손수 가꾸면서
이마에 송글송글 땀이 아침이슬처럼 맺혀있다
봄은 짙어가고 꽃들은 앞다퉈 봄향기 토해낸다
병원 치료 중 언니는 방정맞은 생각을 했단다
혹시나 동생이 병마에 못 이겨
먼저 기차 타고 떠나갈까 해서
금식기도 했다는 언니의 눈에 눈물 글썽하다
사사 받고 배운 장구 어깨에 둘러메고
장구 치며 애끓는 노랫소리를 듣고
내 애간장은 녹아내렸다
천부적인 재능의 언니
완고하신 아버지의 반대로 꿈을 접은
파란만장의 긴 세월
어둡고 무거웠던 억울한 사연을 듣고
난 울고 웃었다

나의 건강을 어머니처럼 잘 챙겨준
언니는 어미 제비
난 새끼 제비
나는 언니가 건강 음식을 만들어주는 대로
잘 받아먹었다

부모님 품 안에서 근심걱정 없이 성장할 때
추억의 이야기로 방안에 꽉 찬다
정성껏 만들어준 음식을 먹고 있노라면
언니의 모습에서 어머니의 얼굴이 겹쳐져 눈물이 글썽해진다
고마워 언니
사랑해요

병실에서

초저녁 전등불 금빛으로 거리를 환하게 비추고
건강한 행인들 왁자지껄 떠들며 웃는 소리 부럽구나
방안에 홀로 누워있자니
오만 잡념이 머릿속을 운행하는구나
몸이 우주 공간으로 날아갈 것만 같은 느낌
현기증이 잠시…
청년 환자 위급해 다른 호실로
옮겨가는 소리 두렵구나

고요한 밤 간호사들의 발걸음 소리 들려온다
어머니의 따뜻한 애정 어린 손길 그리워
눈물 뺨에 흐르고
이 고적한 외로운 밤
어린 소녀가 되어 어른거리는
희미한 어머니 모습만 생각하다 잠들었네

넓고 화려한 초원
순한 바람 날개 속에 감추고 옮겨 다니며
노래 부르는 흰나비 꿈을 꾸었네

할머니의 통곡

산을 옮길 듯 요동치는 무거운 바람이
조문객의 빰을 스치며 울고 떠났습니다

하늘의 초청장 기다리던 할머니는 내 갈 길 막고
초청장도 없이 고통 이기지 못하고
먼저 강 건너갔느냐며 꽃으로 덮인 관을 붙들고
울부짖는 할머니의 통곡소리가 하늘에 사무칩니다
부모는 가슴으로 울었고
조문객은 눈으로 울었습니다

어깨를 들썩이며 통곡하시는 할머니
하나님 날 데려가고 손녀딸 영미를 보내달라는
통곡 소리에 새들도 울었습니다
신혼기에 남편 출타 중
영혼으로 떠나간 것이 너무도 애석하여
내 가슴도 눈물 자국이 남았습니다
바이올린 손에 잡고 서 있는 모습이
영상으로 스쳤습니다
눈물 없고 고통 없는 주님 품 안에
편히 쉬고 있습니다
할머니 안녕히

선물

온몸이 떨림에서 머물렀다
두려움 속에 눈동자는 하늘을 담을 수 없게 되었고
환자의 옷을 갈아입을 때 등 뒤에서
내가 너를 지키리라
아련히 들리는 소리
누군가의 손에 이끌리어
깨끗한 침대에 깊이 잠들어 날아갔다

하얀 철쭉꽃 사이에 이름 모르는 흰 새들은
희미한 별빛 아래 고개 들고
찬미의 맑은 노랫소리 은은하게 들려올 때
실눈이 떠졌다
박수치는 간호사들 속에 손잡아주는 가족
깊은 잠에서 깨어나며
평화에 감사드리고
새날을 선물로 받았다

걸음 연습

아이는 서너 발 걸어가다가 넘어진다
일어나 걸어가다 또 넘어진다
나를 바라본다
장난감을 끌어당기려다 내 눈을 응시한다
난 독수리 눈빛으로 주목하여
아이만 바라보았다

아이는 큰 소리로 운다
엄마가 왔다
네 힘으로 해야지, 라며
도와주지 않는다
까치발로 인형을 끌어당겨
가슴에 안고 좋아 웃다가 넘어진다

잠깐 졸고 있는 순간
의사가 된 아이는 혈압 측정하고
할머니 건강하시네요, 라 말한다
깔깔 웃는 소리에 졸음은 도망가고
인형 손에 든 아이는 세상 이길 힘이 형성되며
매일 걸음 연습에 바쁘다

유년 시절의 기억

한여름 밤하늘에 달과 별들이 반짝이는 걸 보며
신기하고 묘한 호기심 많았던 유년 시절
한 친구가 시냇물 속에 별들이 숨어 있다고 외쳤다

별을 주우러 물속에 들어가 헤매며
별 찾았지만, 별은 없었다
납작한 돌멩이 하나 주워 가지고 와
오빠한테 별을 그려달라고 떼썼다

돌에 그려진 파란 별은
아름답고 매력적이었다
남동생은 내 별을 달라고 징징대며
따라다니면서 울었다
잠잘 때도 별을 손에 꼭 쥐고 자다가
아침에 일어나 별을 찾곤 했다

밤하늘에 와르르 쏟아지는 별빛에 취해있노라면
이 세상 사람이 아닌 오빠와 동생이
별빛으로 내 곁에 찾아와 속삭이는 듯 생생해
그리움이 사무친다

깃털이 되다

늦잠에 취해
누워 하릴없는 눈은 멀뚱멀뚱하다
다정한 햇빛 가득 쏟아내는 아침

푸른 하늘은 바다를 싣고 간다
커튼 사이로 고개 내민 햇빛
손짓으로 인사한다
무거운 돌에 짓눌려 바둥거리는 몸
가까스로 일어나
동네를 한 바퀴 돌고 나니
어느새 가벼워져 깃털이 되었다

예감

국화꽃 피는 계절이 오면
왠지 마음 울적하다
잠 못 이루고 뒤척이는 밤
달빛은 살그머니 가슴에 들어와 잠재우고
새벽 동트기 전 떠나갔다

고단한 졸음 쏟아져 잠깐 눈을 붙였는데
병상에 누워 있는 아버지의 모습이
영상으로 지나간다

이상한 예감에 두통이 욱신거린다
아버지께 상당한 금액 송금했는데…
감감무소식에 답답하고 불안해진다
눈물로 얼룩진 언니의 편지
국화꽃 피어오르는 총명한 날
동생의 이름 수없이 부르시고
친지와 가족이 지켜보는
편안한 시간에 눈을 감으셨단다

미국 간 지 얼마 되지 않아서
일부러 알리지 않았는데

어떻게 알고 그 많은 돈 보냈는지
참 신기했다는 언니

내가 극심한 고열로 고생할 때
형제 몰래 오렌지 까서 입에 넣어주시고
몸 안의 열을 빼주시던 아버지…

국화꽃 피는 계절 오면 아버지 생각에
눈물이 흐르고 가슴이 저린다

지성감천

이슥한 밤 초가집 마루 구석에
홀로 앉아 한숨 짓고 우는 여자는
아침 해가 맑게 떠오르면
눈물 뿌린 흔적 남기지 않는다

가슴속 깊이 숨겨진 고통을 발설 못하는
괴로움을 가진 갑부의 큰며느리
계모의 극심한 학대에 집 뛰쳐나와
남원 광한루 요정에서 장구치고 노래할 때
주방장 복길이는 중매 소개로
초가삼간 집 한 채 선물 받았다

남편은 한센(leprosy)병으로 아이를 가질 수 없는
지옥 같은 세월 속에 갇혀 친구도 없다는
고독한 여자는 눈물로 푸념한다
당신의 남편은 음성(negative)이라
아이를 가질 수 있다며 배란기를 설명할 때
그녀의 눈빛은 천둥처럼 광채가 번쩍이며
희망과 욕망이 불처럼 이글거렸다
지성이면 감천이라더니
얼마 후 그녀는 기적적인 임신이 되었다

적막을 깨다

밤의 깊은 적막을 흔들어놓은 아가
배가 고픈가
기저귀가 젖어있는 걸까
몸이 아픈 걸까

아가의 울음소리에 가족들은 잠을 깨었다
곤한 잠에 빠진 엄마는
아가의 울음소리 못 들었는지 아무런 기척이 없다

부엌에서 벌컥벌컥 물을 마시고 와서
아가를 안고 수유하는 동안
아가는 밤의 정적을 잠재우고 있다
꿈을 꾸는 듯 포근한 별처럼 곤한 잠에
가끔 웃는 표정이 아름답다

그리운 고향

지금쯤 내 고향 넓은 들녘에는
겸손히 벼들이 익어
가을바람에 흥겹게 몸 흔들면서 노래를 부르겠지
비지땀 흘려 농사지은 농부는 곡식단 어깨에 메고
입가에 울려 퍼지는 흐뭇한 풍년가에
절로 어깨가 들석이겠지

그때 난 꼬멩이었지
벼 베는 날이면 아버지 뒤를 따라다니면서
움푹 들어간 자리를 파면
우렁이가 나오곤 했었지
된장찌개에 우렁을 넣어서
아버지 밥상에 올려놓으면
오늘 된장찌개가 최고의 별미라고 하셨지

어머니가 만드신 음식은
먹어도 먹어도 질리는 일이 없었지
부모 형제 생각
어릴 적 같이 놀았던 옛 친구들 생각
어머니의 잊지 못할 음식은
그야말로 꿀맛이었지

<

꼬멩이였던 어린 시절 생각이
생생하게 사무친다

고향의 소리

구석구석 숨겨진 고향의 소리가
산처럼 쌓였던 것이
무겁고 부담되었던 것이
토해내고 싶어 몸부림친다

가족들 모두 일터로 나간 조용하고 한적한 시간
집 안 청소 말끔히 정리한 후
티 한잔 테이블에 올려놓고 혼자 마시는데
시계는 벌써 12시가 훨씬 넘었다

점심 먹은 후 졸음이 와서 낮잠을 자려고
막상 누었지만 잠은 벌써 도망쳐 달아난다
찻잔 속에 어릴 적 추억들이 흔들거리며
꼬리 물고와 내게 극진히 인사를 한다

사랑했던 친구 목소리
곡식 익는 풍료로운 소리
콩이 익어 견디다 못해 터져 나오는 소리
부모님 잔소리 환청이 아닌
사랑해서 교훈하시는 소리

<

가슴속 깊이 물밀듯이 터져 나오는 소리
고향에 두고 온 잊을 수 없는 많은 추억의 소리
황홀감에 도취되어 가슴 휘젓는다
오! 가고 싶은 내 고향

공원 놀이터

가을 하늘이 맑고 푸르다
공원에 온 사람들의 활기찬 웃음에선
강력한 힘이 솟구친다
아이들이 그네와 미끄럼을 타려고
순번을 기다리며 줄 서 있다
부모와 같이 온 아이는 활력이 넘쳐 용기가 있다
베이비시터 아줌마가 데려온 아이는
무엇인가 활기가 없어 측은하게 보인다
같은 또래의 아이가 밀치면
힘없이 그냥 밀려 넘어진다

손자가 줄 서 있는데 힘센 큰 아이가
손자를 밀치고 당당히 끼어들었다
부모가 지켜보고 있는 것을 알아차리고
손자는 큰아이를 강력히 밀어냈다

뒤로 밀린 아이를 뒤에선 아이가
내 순번이야, 라며 큰아이를 밀치면서 싸운다
큰 아이를 가운데 놓고 두 꼬맹이들이
합세하여 밀쳐냈다
큰아이는 씩씩거리면서 뒤로 밀려간다

<

불법으로 끼어드는 아이를 몰아내는 것처럼
선한 국민 사이에 불법이 끼지 못하도록
강력한 정의의 힘으로 불법이 난무하지 못하도록
국민들이 힘을 길러보자

가족의 고통

예기치 못한 사고로 병상에 누워
치료 중인 남편의 병문안을 오면서
한아름의 꽃을 환자가 잘 보이는 곳에 올려놓았다
꽃도 아랑곳없이 무관심이다

안면을 찡그리면
아픔의 고통보기가 안타까워
내 가슴 찢어지는 전율이 파도처럼 요동친다

가게에서 넘어져 뇌출혈이 되어
뇌에 고인 피를 수술로 뽑아내는 수술로
인사불성이 되어 호흡소리만 들락거린다

남편은 입에 음식 떠 넣어도 삼키지 않는다
아이처럼 어르고 달래도 먹지 않고 혀로 밀어낸다

여보, 당신은 나의 첫사랑, 옛 애인
아이들의 훌륭한 아빠, 또 나의 사랑하는 남편
갖은 감언이설로 꼬시는데
글썽거리는 엄마의 눈물을 본 아들은
아빠 사랑해요, 음식 잡수시고 기운 내요

완쾌되어 집에 가요, 라는 말에
감긴 눈이 번쩍 뜨고 음식을 받아먹는다

집에 가면 엄마가 만든 음식 먹으면
단번에 완쾌되어 걸을 수 있고 뛸 수 있다며
아들 손을 잡고 놓아주지 않는다

늙고 아프니 아버지의 고귀한 위엄은 사라지고
구별 못 하는 어린 애가 되었다
아들아, 나를 등에 업고 집으로 가자며
생떼를 쓴다

아이의 그림 노트

아이의 장난감 방에는 워싱턴으로 이사 가면서
놓고 간 그림 노트와 크레용
수없이 많은 장난감과 책들이 잠자고 있다

아무렇게나 그린 그림 노트
무질서하게 낙서처럼
쓴 큰 글씨들 바라보고 있노라면
grand mom, 부르는 소리가 귓전에서 들려온다
뒤돌아보니 아무도 보이지 않았다

다만 옷걸이에 걸려있는 손녀의 작은 드레스
냄새를 맡아보니 사랑스런 그리움의 향기가
방안에 가득 찬다
커다란 둥근 그림에 검은 두 눈 그려놓고
grand mom이라고 그린 그림도 나왔다

샘이 많은 두 돌이 지난 손녀는
오빠가 하는 짓은 모방을 잘 낸다
곧 새 돌이 되는 손녀딸에게
어떤 선물을 보내줄까 생각 중이다

부지런한 사람

9월이 오면 등과 얼굴에 흐르던
굵직한 땀방울이 아버지 몸에서 사라진다
심고 가꾼 벼들은 고개 숙여 추수를 기다리고 있다
환한 기쁨의 향기가 아버지 얼굴에 진동한다
봄에 태어난 노랑 병아리 제법 커서 중닭이 되었다
돼지에게 점심 주는 어머니는 돼지
덩치가 많이 컸다고 흐뭇해하신다
아마 오빠 결혼 때 한몫 잡으시려나 보다
동네 사람들은 농작물과 가축들이 잘된다며
특별한 비결이 무엇이냐며 칭찬하고 부러워한

아버지 대답은 간단하다
게을러서는 안 되고 부지런 해야 되며
농부는 시기와 때를 놓치면 안 되고
새벽 일찍 기상해야 되는 법이라고

그래서 해마다 농토를 아버지는 확장시셨었구나
이제야 아버지 말씀을 기억하는 나는
부지런한 사람이 되는 습관을 가지려 애쓰는 중이다

한 줄기 빛

아침 해는 면사포에 가려진
어린 신부의 긴장된 얼굴
만물은 주 앞에 순종하는 듯 고요하다
다만 갈색으로 물든 낙엽의 슬픈 눈에는
눈물방울이 맺혀 있다
쌀쌀한 공기가 사방으로 에워싸여
가느다란 찬비가 안개처럼 내리며
내 언약한 몸은 추워 떨린다
비에 젖은 낙엽도 파르르 떨고 있다

뇌 수술한 환자는 언제 의사와 통화가 될 것인가
내 가슴은 숯덩이가 된다
아득하기만 한 나의 방정맞은 생각
짙은 먹구름은 나를 쏘아보고 서 있다

귓전에 들리는 말
두려워 말라 걱정하지 말라
내가 너를 내 오른손으로 붙들어주리라
햇빛은 너에게 반가운 소식 가져다 줄 것이다

환자의 얼굴에 주목된 나의 눈은

환자의 눈빛과 마주쳤다
잠에서 깨어난 환자, 남편은
천사가 흔들어서 잠 깼다면서
손 내밀어 나의 손 굳게 잡고
나 때문에 가족이 고생한다면서
얼굴에 눈물이 주르륵 흐른다
간호사가 환자의 이름 부르면서 반갑게 악수할 때
밝은 햇빛이 창 안으로 들어온다

3부

손오공이 나를 데리고

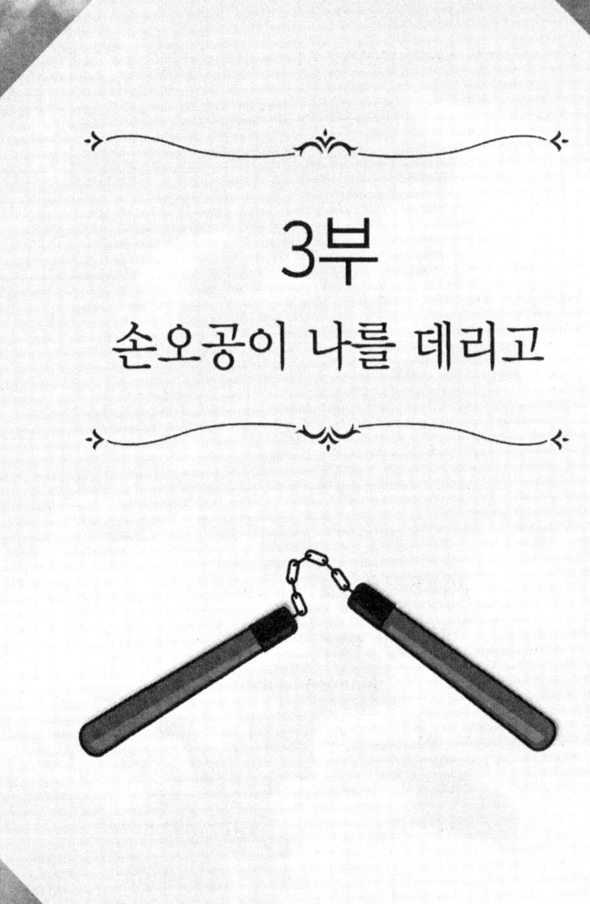

늦봄에 내린 설경

소록소록 나 몰래 초저녁부터 내린 눈은
동트는 아침까지 쉬지 않고 내린다
섬광을 발산하며 온 세상 밝혀준다
엄마가 눈 뭉치를 바위처럼 크게 만들면
아이는 엄마 따라 눈을 뭉치고
좋아 웃다가 눈 위에 넘어져 운다
엄마는 눈사람 만들어 아이에게 보여주려고
마음 바빠서 아이 울음소리 들리지 않나 보다
모자 씌우고 당근으로 코 만들고
눈사람은 드디어 완성되였다

사철나무에 커다란 함박꽃이 피어있고
설경 밑에는 파란 새싹들이 고개 들고 일어나며
한낮의 따스한 햇볕에 눈이 녹아
골짜기로 흘러가는 물소리
동잠 자는 생명체에게, 일어나라
눈 속에서 꽃이 핀 개나리꽃이 명령한다
힘들게 만든 눈사람도 흔적 없이 허물어졌고
모자와 당근만 땅에 누워있구나

꽃씨 뿌리려고 눈 녹기를 기다리는 시간은
어찌 그리 더딘지 하루가 천추 같구나

바다

바다는 넓은 가슴 활짝 열고
보트에 탄 관람객들을 유유히 물결 헤치며
구름까지 싣고서 떠나간다
바라보는 내 마음은 그리움에
푸른 바다는 검은 빛깔이 된다
추억의 바다는 파도에 밀려 황홀한 꿈을 엮는다
그리고 구름까지 도착한다
바람결에 들려오는 청아한 노래에
다시 돌아온 나의 작은 방은
푸른 바다가 된다

작은 별

높은 빌딩 무균의 산실
천사들의 손에 들려
달빛 밝게 비추는 추운 새벽녘
고고의 소리 큰 빌딩이 들썩인다

분홍색 작은 곰 별에게 선물했네
좁고 캄캄한 긴 터널 뚫고 나온 별
고단한 잠 만취 된 작은 별

눈뜬 곰 옆에 놓고
흔들거리는 그네에 누워 새근새근 잠든 별
시간 시간 발육되는 모습 신기하구나

의미 없이 웃기도 하고 혼자 옹얼옹얼
눈동자에 장래의 푸른 꿈 담겨
영롱한 눈빛 반짝인다
헤아릴 수 없는 사랑 샘물처럼 솟아오르고
수억의 별자리 헤치고 찾아온 별
품에 안으니 황홀한 작은 별

맑은 물

눈부시게 내리 쪼이는 햇살
잔디는 생기를 잃고 꽃은 고개 숙여 잠들었네
벌 나비 꽃에 앉아 반갑게 인사해도
본체만체 냉대받고 떠나는 목마른 대낮

호수로 뿌려지는 물줄기에
무지개 형형색색으로 아롱거리고
잔디에 앉은 물방울 빛에 반사되어
밤하늘 별처럼 반짝이네

구름 속에 깊이 숨었다가 내려온 맑은 물
잠든 꽃과 잔디 흔들어 깨우니
꽃은 벌나비 초대하고
잔디는 파란 물결 이루네

눈사람

오후에 내리는 눈송이
하얀 배꽃처럼 조용히 내려지는 눈
어릴 적 내 고향의 그리움이 함께 내리고 있다
밤새도록 쌓인 설경
온 세상의 죄와 악 다 덮고 화평한 세상 만들었다

이른 아침 일어난 아이는
눈사람 만드는 꿈을 꾸었는지
잠자는 아빠 흔들어 깨고 눈사람 만들자고 성화다
아빠 따라 눈 뭉친다
손가락 사이로 눈이 흘려진다
눈 위에 벌렁 누어 난 사람의 자국
코언저리에 당근 꽂아놓고 눈사람이라고 한다
부부와 아이들도 격렬한 눈싸움이 시작되었다
아이들은 뒹굴고 넘어져 온몸이 눈투성이다
마치 외계인들의 싸움 같다
서로 밀치다가 미완성 눈사람은 와르르 무너졌다

봄바람

따스한 봄 햇빛은
겹겹이 입은 투박한 옷
하나하나 벗겨주고
가벼운 옷 입혀주네
봄바람에 이끌려
작은 정원 엿보고 있노라면
개나리는 극심한 추위에도
노란 꽃 먼저 피우고
땅속 깊이 잠든 생명들 호명하니
튤립 철쭉 꽃피우려 분주하네

어떤 포옹

심술궂은 구름은 햇빛 통로를 차단하였고
고운 해님의 얼굴을 구름으로 덮혀있다
검푸른 짙은 구름 하늘을 운행하고
괴물 닮은 무거운 구름 해님의 길을 막았다
수많은 새 떼들이 몰려와 밀고 당겨도
구름은 옴짝달싹 않고 완강한 고집쟁이 되었다
햇빛은 바람과 합세하여 입으로 불어버리니
검은 구름 온데간데없이 사라진 곳에
해님은 막 피어오르는 국화 아가씨와
정답게 포옹한다

초저녁 별빛

저녁노을 사라지고 어둠이 깔리는 초저녁
별빛이 반짝일 때
낮에 숨어 있던 달이 모습을 드러낸다
별은 달에게 윙크로 사랑의 신호를 보낸다
달도 별이 좋아 미소로 화답한다
별과 달이 소통이 잘 되어가며
저들은 서로의 깊은 사랑을 엮는 가을밤
유난히 밝고 빛나는 별 하나
내 가슴에 다소곳이 찾아와
편안히 쉬고 있다

손오공이 나를 데리고

봄바람에 이끌려 작은 정원을 엿보고 있노라면
개나리는 극심한 추위를 물리치고 먼저 피었고
땅속 깊이 잠든 생명들 차례대로 호명하니
튤립 철쭉 앞다퉈 일어나네

남방에서 온 새들
씨앗 하나씩 입에 물고 와 텃밭에 씨 뿌리네
난 봄나들이 가고파 안달이 났네

손오공은 나를 데리고
두메산골 죄와 질병 없는 곳에 내려놓았네
온 지면은 꽃이 만발하여
벌과 나비 떼 우글거리는 깊은 산골짜기에
노래하는 새가 되어
자유로운 세상에서 만끽하는 나의 기쁨

악한 짐승 없는 곳
바위틈에서 생명수가
흘러나와 물 움켜 마시고 뒤돌아보니
손오공은 온데간데없네

맑은 호수가 되다

무거운 구름 위 참새떼 혼란스럽고 질서 없다
칠흑으로 괴물이 뛰쳐나올 듯한 음산한 아침
내 마음은 무거운 검은 호수다
할 일은 태산같이 쌓여
무엇을 먼저 해야 되나 염두가 나지 않고
생각이 꽉 차 숨통이 막힌다
수선할 옷들이 쌓여 아우성에 심장이 흔들린다

결혼예식 옷, 장례식에 입고갈 옷
친구 생일 파리에 애인과 같이 간다는
아가씨 드레스 급한 소리에 정신이 혼미해진다

급한 것부터 치우고 잠깐 숨을 돌리는 시간
결혼식 옷 끝났느냐며 찾으러 온다는 전화가 왔다

장미꽃 한아름과 후한 팁을 주고 가면서
고맙다고 하는 손님이 있어서
내 마음은 맑은 호수가 되었다

지팡이와 장화

누워있는 단풍이 꼭 기러기 발가락을 닮았다
건조된 단풍 바람 따라 방황하다가
노인 사는 집 모퉁이에 수북하게 쌓여있다
외출 갔다 돌아온 할아버지의
은빛 면류관 바람에 펄럭인다
바람이 몰고 온 단풍이 야산처럼 높게 쌓여 있다
손에 쥔 지팡이로 성난 파도처럼
쌓인 단풍 사정없이 두드린다

장화 신은 할머니
머리에 쓴 스카프가 너울너울 춤춘다
단풍을 밟자 바삭바삭 소리가
음악 리듬 같다

단풍 가루를 큰 종이백에 쓸어 넣고
허리 펴 기러기 떼 날아가는 하늘을 바라보고
무엇이 좋은지 혼자 웃고 있다

봄 소묘

봄철이 확실한데 날씨는 변덕이 많아
봄인지 분별하기도 어렵구나
분노의 바람은 대지를 할퀴고
북방으로 뛰어간다

무거운 얼음흙덩이 밀치고 나오다가
어깨에 상처 입고 아픔을 호소하는 어린 새싹들
꽃 피우겠다고 아우성치며 목마르게 봄을 기다린다
참혹한 차가운 바람 때아닌 눈송이 몰고 다니며
갈 곳 못 찾는 혼란스런 영혼같구나
나무 잔가지는 파르르 떨며 잎 트려고 애쓴다

가슴 빨간 새는 봄이 왔다고
한없이 재잘거린다

생기가 돌다

여름 꽃들은 갈한 목 축이려고
하늘 향하여 크게 입을 벌리고
물 떨어지기를 갈망한다
깊게 주름 잡혀 구겨진 험한 얼굴
보기도 민망하구나

구름은 비 몰고 와 입 벌린 꽃에 부어주니
벌컥벌컥 물 마신 후 탄력 있는 얼굴에
윤기 흐르고 생기가 도는구나
반짝이며 빛나는 맑고 밝은 미인의 청순함이
천진한 아가의 웃음 같구나
공중 나는 새들도 목말라 갈망했는데
고인 물에 목축이고 나뭇가지에 앉아
시원한 노래소리 아가의 잠 깨워주고
낮잠 자는 나도 깨워준 고마운 새야
비에 젖은 땅 마르거든
한 움큼 한 움큼 맛있는 모이를
너의 가족에게 아낌없이 뿌려줄 것이다

숲속

그윽한 숲속의 짙은 향기
내 몸속을 들락거리며
돌고 돌아 숲속으로 다시 돌아가니 아쉽네

울창하고 우람한 나무
노란 단풍으로 물들어만 가네

숲속의 나무들은 너그러운
사랑으로 온갖 새들 불러 모아
이 겨울 눈 내리기 전 즐거운 축제를 베풀고

주황색으로 점점 물들어가는 숲은
가을 붙잡고 떠나려하네

꽃밭을 일구다

봄빛이 청명하며
하늘에 구름도 온화하여 정감이 간다
밖에 나가고 싶은 충동이
마음속에서부터 반란을 일이킨다

복병이 잔디 속에 쳐들어와
자리 잡고 응큼하게 뿌리 내린다
잡풀 없애 버리고 꽃 심으려고
흙 두어 삽 파면 이마에 송글 땀이 흘러내리고
봄바람이 와서 씻어주고 간다

간간이 허리 펴 쉬면서 세 시간 동안 땅을 팠더니
혹사당한 허리에 통증이 오고
목이 마르고 배도 고프다
생애를 농사짓던 아버지
참으로 많은 고생하셨구나
땅을 파보니 아버지의 힘든 농사일
이제야 알게 되었다

나무의 지혜

가을 하늘이 높고 푸르다
태양열로 성장한 힘찬 나무줄기
하늘 닿을 듯 짙은 녹색이다
온 땅을 덮을 듯한 싱싱한 이파리
가을을 맞이하게 되었다

더위 지친 새도 쉬었다 가는 시원한 물처럼
너의 청청함도 이젠 노랗게 변해가니
아, 가을인가

한 잎 두 잎 몸 흔들면서 떨어지는 단풍
나무 밑에 수북하게 쌓이고 쌓이네
내년 봄을 위하여 겨울에 무장하는
너의 지혜가 광대하고 아름답구나

좁은 가을 길

안개가 지면에 깔린 음산한 늦가을
홀로 길 걷는 마음 고적하네
비에 젖은 단풍 길에 수북이 쌓여
발에 밟혀도 소리 내지 못하네

앞발 모두고 좁은 길에서 점심 먹는 다람쥐
방해하지 않으려고 멈춰서서
주목하여 바라봐도 몹시 시장했는지
눈길 주지 않고 먹고 있네
어린아이 손에 사과 움켜쥐고 먹는 모습 흡사하네

가을 풍경은 삼원색으로 장식되었고
단풍은 이글거리는 모닥불처럼 피어오르네
안개 사라지고 햇빛 밝게 비쳐오네
나무에 올라간 다람쥐 애교 떨며
요란한 꼬리 흔들고 서커스 공연하는 곡예사같네
구경에 취해 울적했던 기분이 사라졌네

나무

우람한 나무 강한 팔 뻗쳐
아래 작은 나무 굽어보는 서늘한 눈빛
작은 나무는 큰 나무 그늘에 눌려 두려운지
고개 들지 못하고 웅크리고 떨고 있네
예고 없이 나뭇가지 밀어내며
내동댕이치는 잔인한 바람
작은 나무는 갈대처럼 흔들려 넘어졌어도
상처 없이 일어나 있네
다람쥐는 나무에 올라가
성난 눈동자 굴리며 아래를 노려보고 있네

엄마 손에 잡혀 걷는 아이
나무에 돌멩이 던지고 좋아 웃네
저 사내아이는 말썽꾸러기 개구쟁이지만
이내 자기 교만을 알아차리고
지그시 눈 감네

가을 부슬비

가을 아침 새색시의 얌전한 걸음으로
사뿐사뿐 조용히 내리는 비가
아가의 귀여운 미소 같구나

봄비는 새싹이 순하게 흙더미를 밀치는
엄마의 거룩한 손길
가을비는 때때로 험악한 바람 몰고 와
인정사정없이 꽃들을 내리치는
아버지의 엄하신 교육 같다

농부의 타작마당 곡식 떨어내는 도리깨처럼
꽃씨 떨어지도록 쉴새 없이 참혹하게 매질하는
비바람, 어찌 그리 매정하느냐
나의 의지가 아닌 창조주의 법칙이라고
당돌하게 나를 뚫어지도록 응시하며
그것도 여지껏 모르고 있었느냐 되묻고 있다

젖은 손으로 땅속 깊이 꽃씨를 묻어주려고
아침부터 그렇게 부슬부슬 가을비가
하루 종일 내렸나 보다

그리운 친구

"너와의 추억을
모조리 가슴 깊은 곳에 간직하고 있단다"
너와는 한 번의 편지 연락이 있었지
서로의 전쟁 같은 바쁜 삶에
소식이 두절 된 지 너무 오래되었구나
환란과 험한 고통 중에 내가 처해 있을 때
넌 나를 도와준 구세주였지
그런데 너는 도리어 내가
너를 도와준 은인이라고 하였지
우리 서로의 친구의 두터운 신의로
사랑의 깊은 대화를 주고받았던 그 옛날 추억이
느닷없이 갑자기 뛰쳐나올 때 정말 보고 싶었지

넌 몹쓸 괴병으로 돌아오지 못할 강을 건너갔다는
소식 듣고 내 가슴이 눈물로 홍수가 되었지
선한 사람은 쌓은 선에서 선을 베푸는 법
너의 아들이 선한 일 많이 하고 있으니
친구여 질병 없이 광명한 그곳에
편안히 쉬고 있는 줄 알고
이제 나는 슬픔도 기쁨으로 변화시키련다
안녕 친구야

노을 질 때

신선한 가을바람에 나뭇가지가 파르르 떨고 있다
떠나기가 섭섭한지 내 눈을 응시하며
내 곁에 살며시 기대는 낙엽
내게 무슨 할 말 있는 듯이 망설이는 모습이다
말하지 않아도 알겠다
가을은 여름을 밀어냈다
여름은 서글픈 슬픈 눈동자로 허공만 바라보다가
단념했는지 떠나면서 안녕이라고 손을 흔든다

떠나가고 다시 오는 계절
조물주의 법칙이 아니던가
패기가 왕성했던 젊음도 그림자처럼 순간 지나갔고
이젠 희미한 빛에 순응하며 조용한 명상에 잠겨
한 많은 험악한 젊음도 흔적 없이 불태워지고
덧없는 세월 속에 겹겹이 주름 잡힌 얼굴
머리에는 흰서리가 내려지고
이것이 세상만사 아니든가

노을 지는 삶이 내게 깃들면
밤하늘의 별이 따뜻한 사랑으로
포근히 나를 안아주기를 바란다

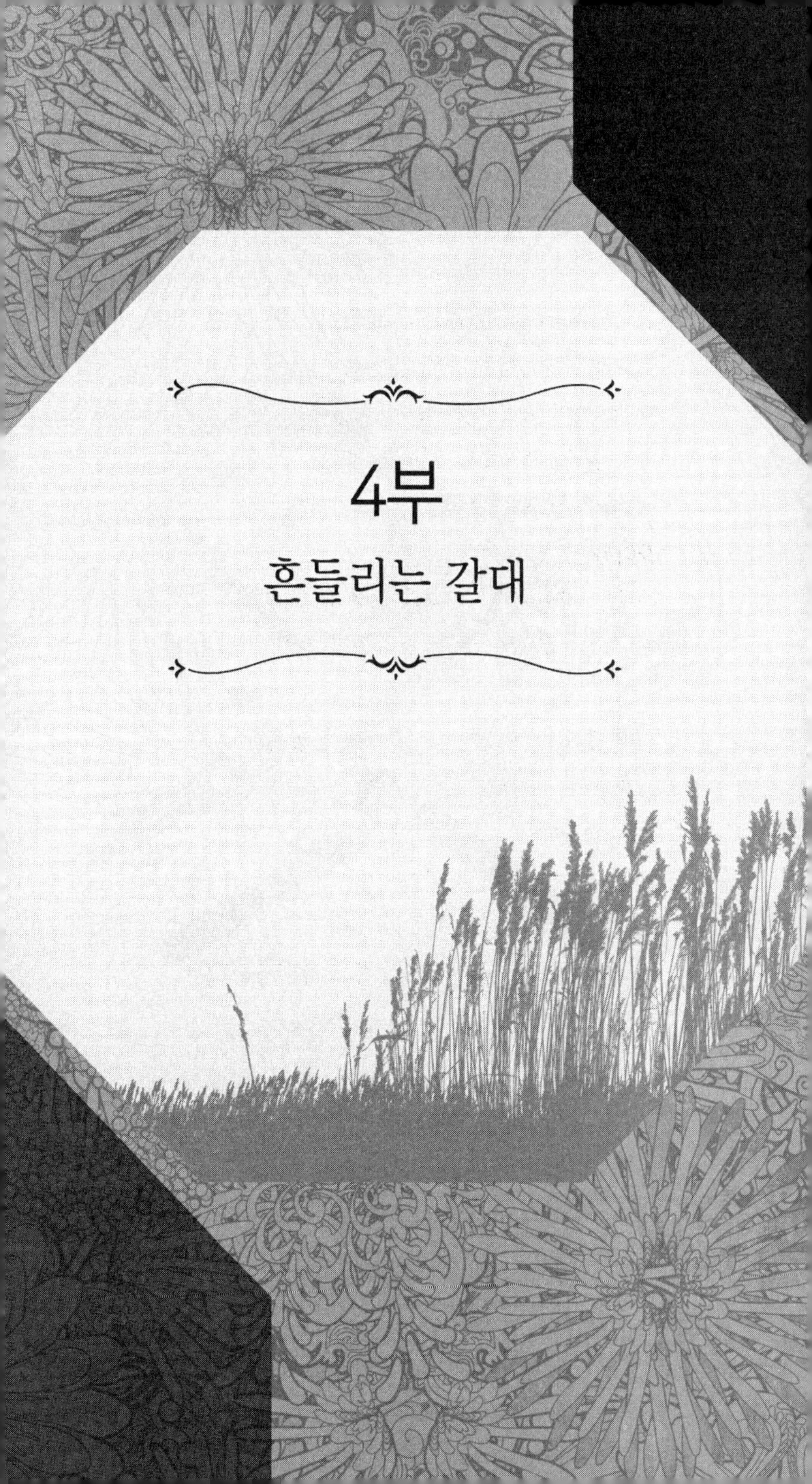

4부

흔들리는 갈대

나팔꽃

오랜만에 가을 길 걸어서 숲속 길 찾아오니
신선한 바람 짙은 과일 향기로
내 몸 감싸주니 가을 향에 취했네
전에 넓은 파킹장이 모두 뒤집혀
낯 설은 장소로 변해있네
잔디가 푸르게 덮혀 있고
나무는 자라서 내 키보다 높아져 있다
익숙했던 것들은 모두 어디로 갔을까

다만 호숫가 울타리에 핀 나팔꽃 활짝 웃으며
오랜만에 만나서 기쁘다면서
몹시 사랑하여 보고 싶어서
눈물 흘린 적 많았다면서…
그동안 안부를 묻는다
주위에 환경은 모두 아름답게 변해있지만
개와 산책한 길은 없어져 섭섭하구나

그래도 나팔꽃 너만은 그때의 모습으로
변함이 없이 나를 반겨주니
내 너를 잊지 않으리

흔들리는 갈대

폭풍 속에서 갈대는 까무러쳐 전신이 흔들리고
넘어지고 일어남이 수도 없이 반복되지만
상처와 흠집 없이 보란 듯이 웃으면서
번듯하게 우뚝 서 있다
비바람 짙은 혼동이 끝나면 다만 겉만 흔들렸을 뿐
깊숙한 속내는 꼿꼿이 서 있다
농부는 내 가냘픈 꽃으로
매일 먼지 쓸어내는 도구로 사용한단다
가녀린 지구에 쌓인 오물 소멸하고
교만과 오만으로 가득 찬 마음속 먼지
쓸어내고 싶어 생각에 잠길 때
이 지상이 낙원이 되어가는 느낌에
마냥 황홀하여 가슴 설렌다

주워온 장미 화분

쓰레기통 옆에 장미 화분 하나
며칠이 지났다
아무도 관심이 없다
말라 있는 장미가 애처로워 동정심이 발동한다
측은한 마음에 장미 화분을 가게에 안고 데려왔다
우선 목마른 장미에게 흡족하게 물 부어주었다
마른 꽃잎은 와르르 떨어진다
바나나 껍질 잘게 썰어서 화분에 얹어주었다
정성껏 수시로 물 부어주었다
내 눈동자는 어린 자식 양육하듯
장미 화분에 집중한 덕에 생기 얻은 가지에서
심장 고동 소리가 세미하게 내 귀에 들린다
밥알만한 새싹이 솟아났다
지성이면 감천이란 말 실감난다

집에 데려온 장미를 꽃밭에 심고
거름 주고 수시로 물 주었더니
탐스럽게 자라 꽃을 피었다
시시 때도 없이 넘나드는 구숙한 향기
잠든 것인가
꽃잎에 앉은 나비 한 마리, 조용히 참선 중이다

버섯

늙은 철쭉나무 그늘진 흙덩어리 고함치며 밀어내고
계란만한 크기가 뾰족뾰족 고개 들더니
천천히 흰 빛깔이 솟아오른다
오랫동안 들려다보니
안간힘을 다하고 땀 뻘뻘 흘리는
가쁜 숨소리 거룩하다

크기가 주먹만한 머리통 헤치고
눈 부시는 햇빛에 지그시 눈 감고 나온
버섯 군상 여러 곳에 우산처럼 펼쳐있어
바닷가 피서객의 파라솔 모습이다
식용 버섯은 암 예방 스트레스 제거의 묘약이라지
그러나 크고 멋진 외모의 야생 버섯
사람 눈 매혹하는 특이한 자태 속에는
간교하고 교활한 독 숨기고
귀한 생명 앗아간다니…

변화된 꽃

봄빛이 나 몰래 창문 열고 귓전에
봄이 익어간다고 속삭이네
밖에 나가 사면을 살펴보니
이른 시간에 핀 개나리꽃과 튤립은
자취 감추었고 흔적만 남았네
새로운 꽃들이 고개를 들고
차례대로 때맞추어 피고 지네
오래전 심은 철쭉은 분홍색 봄을 장식하였네
2년 전부터 분홍 철쭉이
하얀색이 된 원인은 알 수 없지만
분홍색 꽃보다 하얀 꽃이 더 아름답다
마치 정결한 신부의 자태로
미소 짓는 하얀 철쭉꽃
내 육체도 젊음으로 변화되길 기대해보네

멸망시키다

구름이 햇빛 숨겨놓고 야트막하게 내려와
비를 몰고 올 듯한 이른 아침
꽃밭 내려다본 눈이 순간 아찔하였다
며칠 전 내린 비에
잡풀 무성하게 땅을 덮었다

오랑캐 잡풀들이 꽃밭을 아수라장으로 만들어
고함치는 소리에 꽃은 두려워 숨죽이고 떨고 있다
억세고 사나운 잡풀은 고개 숙이는 일 전혀 없이
메마른 땅도 자기 영역으로 넓혀간다

작은 호미로 뿌리째 전멸시키겠다는
속마음 알아차린 잡풀은
나를 괄시하지 말아달라며
짐승들의 귀한 식량이란다

그럼 목장으로 가야지
왜 우리 꽃밭에서 그러느냐며
이마에 굵은 땀 흘리면서
온 힘을 다하여 멸망시켰었다

부상 당한 해바라기

몰아친 폭풍우에 키 큰 해바라기가 부상을 입었다
다리가 하나라서 힘이 없어 폭풍우를 견디지 못하고
다리를 부상 당해 하얀 속살이 뛰쳐나왔다
꽃피기를 갈망하고 기다리었던 내 마음 아프다
꽃도 피지 못하고 기진맥진하여
누워 신음하는 해바라기 안타깝다
긴 막대기로 묶어 세워놓고
수시로 물주고 정성을 다한
내 얄팍한 사랑에는 아랑 곳 없이
잎사귀는 시들어 고개 숙인 해바라기
생기를 잃어가고 있었다
계속 내리는 비가 온 전신을 촉촉하게 감싸주니
숙여진 고개가 번쩍 들려 생기를 얻고
하늘 향한 얼굴은
왕관을 만들려고 준비 중이다

분홍색 데이지

햇빛 밝은 아침 하얀 솜털구름이
맑은 하늘에 둥둥 떠 있는 모습
어릴 적 본 따뜻한 구름
향수에 젖은 내 마음을 다독여준다
분홍색 데이지는 하얀 데이지를 감싸주면서
서로 반갑게 인사하는 모습이 사랑스럽다
분홍과 하얀색 궁합이 잘 어울려
서로 사랑하며 시기 질투 없어 존경스럽다
땅에 발 딛고 사는 인간도
시기 질투와 분쟁이 없는
화평한 세상이 되기를 소망해본다

석류

자주색 옷 입은 석류
노을은 주황빛으로 흠뻑 물들어 있고
입에 가을철 물고 와 임 기다리는 용감한 석류
입이 열린 채 서성이며 무엇인가 망설이는 모습
여름 내내 잉태된 사랑 견디기 어려워
이젠 더 이상 참을 수 없어
홀로 몸부림치다가 부끄러움도 개이치 않고
가슴 활짝 열어젖혔네
남몰래 쌓은 깊은 사랑
망설임 없이 입술 터지도록 실토하는구나
순박한 흰 벽으로 칸칸이 정리된 보석창고
서슴 없이 열어 보이네
루비 보석 산처럼 쌓여있어 내 눈이 현혹되었고
보석 엮어서 목걸이와 반지 만들어
초대받은 연회장에 갈 때 사용할 생각에
벌써부터 가슴 설레네

소나무 삼 형제

인적이 드문 곳에 삼 형제 나란히 서서
출렁이는 물결 내려다보며 깊은 침묵에 잠겨 있다
녹음 우거진 향기에 취해 노래 불렀고
물놀이에 지친 어린 백조들 잠깐씩 쉬려고
두메산골처럼 조용해서 때때로 찾아오는 곳
극심한 태풍우로 두 형제를 잃은 막둥이
고통과 슬픔으로 세월 보내면서
두 갈래로 찢어진 가슴속은
다람쥐와 새들의 아지트 되어 수시로 들락거린다

큰 폭풍우로 막둥이도 쓰러져
자취도 없어진 공터에 작은 소나무
풀 속에서 잉태된 것을 발견하였다

팔 긴 담쟁이

사철 진녹색 단벌 신사가
햇빛 강렬한 한 여름 오후
시들한 얼굴로 낮잠을 잔다
서늘한 저녁노을 깃들면
생기 충만하여 활기 넘친다
맑은 물 하늘에서 쏟아져 내리면
깨끗한 물에 몸단장 멋 부리며
꽃과 채소들이 사는 마을로 내려와 외로움을 달랜다
달빛 몰래 훔쳐 먹고 점점 팔 길어지면서
안하무인 자기 영역을 넓히려는 야망이 치솟는다

온종일 뻔뻔스런 담쟁이 긴팔을 싹둑싹둑
처리할 고민에 마음 무겁다

장미꽃 기다림

5월이 오면 여왕처럼 아름다움 뽐내며
앞다퉈 피는 장미의 계절
날씨가 화창하면 밖에 나가
장미가 언제 꽃을 피우게 될까
이파리는 왕성한데 아직도 꽃망울만 맺혀 있을까
관찰에 바쁘다

매일매일 꽃을 기다리는
내 마음 알았는지
부슬비가 꽃망울 열어주니
일제히 얼굴 들고 활짝 웃음 짓고 나왔다
나비와 벌도 초대되어 연회장이 되었고
내 마음도 초대받아
두둥실 가슴에서 춤과 노랫가락이 흘러나온다

모든 사람이 칭송하는 꽃중의 꽃
아름답고 향기로운 장미꽃이여

한 폭의 쑥갓

갈라진 시멘트 좁은 틈에 생명줄 걸고
새벽 여명에 조용히 서 있어
아침 햇빛도 외면하고 그늘진 외진 곳에
쓸쓸한 한 폭의 쑥갓

해가 중천에 떠오르면
무거운 그늘 단호히 몰아내고
한가한 시간에 이파리 한 잎씩 잉태되어
키와 몸통이 커져간다

낡은 세상 등지고 왜 여기에 있느냐 물으니
내 의지가 아닌 바람이 실어다 놓은 곳이란다
밤이면 별과 달이 나의 유일한 친구
때로는 사색에 잠겨 명상하는 좁은 공간
쑥갓이 노란 꽃을 피우며 웃어준다

화난 꽃들

뙤약볕 강렬한 여름날 외출했다가 돌아와 보니
더위에 지친 꽃들이 목이 타 헉헉거린다
외출 전 물을 주고 갔어야 했는데
꽃 이파리가 시들어 가사 상태로 누워있다

결혼식도 못 가고 장례식도 참례 못하는 일년생 꽃
다만 가족이 집에 돌아올 때
문 옆에 서서 피곤함 씻어주는
낮은데 앉아있는 꽃들이 단단히 화가 나 있다

더운데 나갔다 어쩌려고 그러느냐
오히려 나를 걱정하며 화가 난 꽃들
비로소 저녁노을이 찾아올 무렵에
화가 풀려 고개 들고 원상 회복되었다

호수 속

매우 적막한 오후 한낮
푸른 나뭇가지에 앉아 시끄럽게 노래하는 새떼들
물 위에 둥둥 떠다니며 소란 피는 오리 떼도
휴가를 갔는지 보이지 않고
뿌연 물줄기 뿜어 올리는
분수대도 사색에 잠겨 휴업 중이다

강렬한 뜨거운 광선 깊은 호수 속을 폭로한다
물속 깊이 숨겨진 금붕어 은붕어 회색붕어
얼룩이 붕어 떼들이 마음껏 물속 헤집고
휴가를 즐긴다

큰 금붕어 물 위로 뛰어나와 신선한
공기 입에 가득 채우고
물 동그라미 넓게 그려놓고 하늘 바라본다
높이 뛰어 서커스 연출하는 은붕어에게
햇빛은 은별 빛 머리에 달아주고
별나라로 휴가 보낸다

붕어 족속들은 동시에 물 위로 올라와
호흡하는 소리에 호수가 요동친다

풀잎에 앉아 여가를 즐기던 잠자리
비상 걸려 물 위로 나는 헬리콥터가 되었고
붕어 족속은 호수 깊숙한 곳 잠수함이 되어
주야 사철 대기 중이다

나무를 자르며

집 앞에 선 나무 넘어질 듯 기울어졌네
잎보다 꽃이 먼저 피는 봄의 선구자
눈 맞추고 바라보노라면
은은한 향기 살짝 가슴 파고들어 곤히 잠들었네
오래전부터 집이 기울어져 보인다는 아들 성화에
모질고 독한 맘 먹고 자르기로 결심했네
다시 못 볼 꽃 생각하니 톱질에 진동된
나무의 신음소리 애석하구나
나뭇가지에 앉아 더위 식히는 새들
어디서 금년엔 더위를 이겨낼까
끈질긴 톱질에 나무는 우드둑 쓰러져
집은 번듯해졌지만
나이 든 엄마가 혼자 나무를 끊었다고
아들한테 야단을 맞았네

그루터기에서 새순이 올라와 번듯한 나무로 자라서
꽃피고 여름 녹음 속에 새들이 다시 찾아오기를
기대하면서…

옷 벗은 고무나무

어린 가지 곱게 꺾어 화분에 심고
온갖 정성 다 쏟아부어 주었더니
근엄하고 꼿꼿한 활기 왕성한 청년이 되어
출입문에 종일 서서
손님들에게 해맑은 미소로 반겨주네
언제나 맵시 나는 옷 입고
친절하게 손님 맞이했는데
어느 날 원인 모르게 옷 벗겨져 앙상해졌네
새 주인이 너를 버리겠다는
말 듣고 심장 한쪽이 무너져 두근거리네
아론의 마른 지팡이는 싹터 꽃피고
살구 열매 맺었다는데…
네 뿌리는 내 사랑과 정성이 복병처럼 숨어 있어
난 너를 버리지 않을 거야

고향으로 데려가 내 옆에 두고
날마다 네 몸에 청강수 부어주며
더욱더 사랑해줄 거야
그러면 너는 청청하고 활기차게
내 몸을 회복시켜줄 거야

콩잎

바람 솔솔 불어 시원한 가을 농장 언덕
쨍쨍 쬐는 햇빛에 콩들이 여물어간다
향기로운 콩 냄새가 넓은 들녘에 가득하다
몸속의 자양분으로 도움 없이 홀로 잘 성장한다
일제강점기 시절 식량이 부족하여
콩잎에 쌀 조금 넣어 먹었던
어릴 때 콩잎밥 기억이 아물아물하다
나는 일본사람이 아주 싫었다
피땀 흘려 농사지은 곡식 공출로 다 쓸어갔다
식량부족으로 굶어서
생명 잃은 사람이 부지기 수였다
우리 식구는 어머니의 콩잎 밥으로
다행히 굶주림을 면하였다

그리고 8월 15일 일본 속국에서 광복되었다

야산

가느다란 바람 포근히 안아주는 숲속을
가만히 들여다보니
어린나무가 가을 기다리며 앉아있네
발걸음 느릿느릿 걸어서
홀로 낡은 의자에 앉아 높은 하늘 응시하니
가을 오는 소리가 세밀하게 귀에 들려오네
높고 푸른 하늘 유심히 바라보니
가을의 증조가 눈에 들어오네

귀뚜라미 우는소리 서글픈지
뻣뻣한 나무 잎은 물기 빼고
바람 따라 갈 여행 준비에
눈동자는 초점 잃었고
야산에 사슴 짝짓기에 분주히 날뛰는
계절 가까이 오고 있네

짐승의 양식 야산에 가득하게 준비한 자 누구신가
천지만물 창조하신이가
모든 생물 먹이어주시는 조물주가 아니신가

국화

소리 없이 국화에 떨어져 은구슬로 구르는 땀방울
국화 속에 깊이 숨었네
간밤에 억수 같은 소낙비에 강타당한 어린 국화
하얀 뿌리가 흙탕물에 구겨지고 전신이 뒤틀려
처참한 비명이 들린다
흙 사다 뿌리를 덮어주고 막대기 세워 묶어주었다
입술은 닫은 꽃망울 맺혀
나비 떼 꽃을 피우려 깊은 단잠 들었네

함지박만한 입술 열어
그윽한 향기 하늘을 진동시키고
방안에 국화 향기 나부끼며
꽃들은 다시 숨 쉬며 살아나서
가을밤을 지켜주네

달과 국화

천둥 번개 거친 비바람
걷잡을 수 없이 요란하였건만 두려움 없이
뜨거웠던 햇빛도 홀로 잘 이겨내었네
노랑나비 긴긴 여름 바삐 맴돌고
꽃피기를 기다리며 이파리에 앉아
단꿈 꾸고 있는 동안
여름꽃들은 호흡조차 사그라져
땅에 누워있네

국화 너만이 결혼 예식장에 입장하는 신랑처럼
활력이 왕성하며 멋진 자태 근엄하구나
서릿발 내려지면 가슴에 향기 뿜고
이슬에 배어나 노란 색깔 더욱 아름답네

밝은 달빛과 노란 꽃이 한데 어울려 빛 쏟아내니
어두운 밤이 낮과 같이 밝아졌네

감

야트막한 산 밑 감나무 한 그루
강한 바람이 지나가도
붉은 감들은 흔들려도 떨어지지 않는다
먼발치에서 바라보노라면
등에 업힌 아이 감을 보고 무어라 웅얼거리는
주황색으로 동네를 물들인 늦가을이다

젊은 감 장사 아주머니 큰 함지박에 푸짐하게 담은
익은 감을 마루에 내려놓던 아스라한 기억
큰 황 보석 같고 이글거리는 태양 같기도 했다
먹음직한 감이 잘 생기어서 금방 정이 든다고
지금은 약간 떫으나 세월이 가면 단맛이 든다고…

낙엽이 떨어지면

하늘은 푸르고 맑아 시원한 계절
들녘의 오곡은 익어가며 추수를 기다리는
풍성한 넓은 들판엔
옛 농부들의 흐뭇한 웃음소리 귀에 들린다

그러나 정작 가을이 오면
괜스레 마음은 서글퍼지는 감정 숨기지 못하며
정초에 세웠던 계획이 모두 무산되었고
모든 꽃들은 흔적을 감춰서 쓸쓸하다

겨울의 억센 바람은 나를 외출 금지로
긴긴 겨울에 가둬놓을 것이 뻔한 일인데
벌써부터 가슴이 차가워지고
몸이 떨려온다

5부
겟세마네 동산

가나에 혼인잔치

콘스탄티누스 황제의 어머니 성헬레나의 요청으로 마리아가 살았던 집터 바위 위에 새겨진 수태교회 넓은 벽에는 전 세계로부터 보내온 성모와 예수의 성화로 유명한 곳에 한국에서 보내온 하늘색 한복을 입은 엄마와 색동저고리 입은 아가 예수를 품에 안고 있는 성화가 이스라엘에 있는 것을 보고 너무 기뻐 감탄한다

갈멜산에는 낫자루처럼 휜 칼을 들고 엘리야는 바알 신의 선지자 450명을 칼로 쳐 죽인 동상은 능력 있는 눈빛에 광채가 번득였다 므깃도를 지나 벤허 영화를 촬영했던 경기장을 보니 실제로 영화를 보는 듯 눈에 선하다

지중 해변을 순례하면서 종교적인 유적들이 아우러져 다른 어느 곳과 비교할 수 없는 하나님이 축복해 주신 선택된 곳, 젖과 꿀이 흐르는 땅인 것을 실감한다

예수님께서 첫 번째 기적을 행하시었던 가나 혼인잔치 물로 포도주 만드신 곳에 예수님은 맏아들로 태어나 아버지께 순종하시었고 죄 없고 흠 없으신 분 내 죄 때문에 죽임을 당하신 주님 너무나 고마워 그 사랑 말로

다 형용할 수 없어 눈물만 한 없이 흐른다

사해 바다에서 수용복 차림으로 몸을 담갔다 가벼운 파도가 몸을 살짝 때린다 소금 농도가 높아서 내 몸이 물 위에 둥둥 뜬다 피부에 좋은 사해 바다에서 수영하는 나의 호강에 감사한다 여자들은 그 옛날 이집트의 클레오파트라 여왕이 아름다움을 유지했다는 짙은 검정색 진흙을 전신에 바르고 좋아하며 뛰는 모습 또한 장관이다

곳곳을 다니면서 병든 자를 고치시고 항상 바쁘셨던 예수님 생각으로 내 머릿속이 꽉 차 주님의 능력을 묵상한다

마사다(masada)

모래성을 쌓아 산기슭 타고 올라온
로마군대 승리했다고 기뻐하기도 전
피비린내로 코를 찔렀다네
960명이 한꺼번에 잠들었으니
말할 상대자 없어 답답한 로마군대는 목이 탔다네

물 물 물, 목이 말라 미친 듯이 물을 찾다가
물 저장소에서 여인과 아동을 찾아냈다네

깊이 잠든 이유 알았던 로마군대들은
우리는 패배자요 너희들이 승리하였구나
외치고 외쳤다네

3년간 공동체로 살았던 유대인 마사다
다시는 참혹한 일이 일어나지 말아야 하겠지

겟세마네 동산

겟세마네 동산에 3,000년 된 오리브나무가 역사를 자랑하는 듯 장엄하게 버티고 서 있다 주님의 땀방울이 피로 변한 겟세마네 동산에 앉아 기도했던 자리에 교회가 세워진 안에 주님의 조형에 찬란한 조명이 비추진 생생한 주님이 살아 움직이는 모습에서 무릎 꿇고 고개 숙여

아버지여 만일 아버지 뜻이어든 이 잔을 내게서 옮기옵소서 그러나 내 원대로 마옵시고 아버지 원대로 되기를 원하신 주님의 절박한 기도소리가 내 귀에 사무치게 들렸다 곧 죽임당할 것을 아시는 주님 누구를 위한 죽임인가

촛불 기도

으슥한 밤중에 엎드려 촛불 켜놓고 기도하니
소리 없는 눈물이 옷자락에 흥건하게 젖어
축축해진 눈물로 오한이 일어난다
떨어지는 촛농은 등을 타고 밑바닥에 흘려지는
고통의 눈물 흔적이 쌓여만 간다

생사의 기로에 처한 환자가
회복되기 위한 나의 애절한 눈물은
작은 시냇물이 흘러가듯 끊임없이 흘려진다
차가운 밤공기는 내 몸을 맴돌고 가슴 떨리게 한다
누군가가 어깨를 툭툭 친다
소스라쳐 뒤돌아보았다
아무도 보이지 않는 하얀 밤이다
촛불은 녹아져 심지만 가물가물 꺼져간다

허둥지둥 급하게 입원실에 들어왔다
눈을 뜬 환자가 반갑게
여보! 왜 이제 왔어
당신을 얼마나 많이 기다렸는데…
핼쑥한 내 얼굴을 보고서
걱정하지마 곧 나아서 집에 갈 거야

도리어 나를 위로한다

촛불 기도가 기적을 일으켰는지
남편은 간호사에게 나의 부인이라고 소개한다
순간 처참하고 고통스런 눈물은 소멸되었고
남편과 소통되니 한없는 기쁨에
기적 같은 감격이 솟구친다

순결한 눈

커튼을 활짝 젖히고 밖을 내다보니
christmas 장식이 온통 순결한 하얀 색깔이다
나무와 지붕에도 티 없이 빛나는 하얀색
불평 없는 평화로운 통일된 장식
놀랍도록 아름답다

눈이 오면 가슴 깊이 각인된 옛 추억이
실타래에 감긴 실이 풀려나오듯 하나하나 풀려 나온다
오빠 따라 언니와 썰매도 타고
눈사람 만들고 눈을 싸움하며
사내아이처럼 넓은 들녘을 뛰어놀았던 시절이
어제인듯하다
눈싸움하는 어린 손자들 모습에서 내 모습이 겹친다

오빠와 언니를 이기려고 눈뭉치를 만드는
내 꼬막손은 너무나 바빴었지
온몸은 흰색의 전신갑주 뒤집어쓴
눈 위에 뒹구는 철없는 계집아이였지

어제의 고뇌와 힘든 걱정근심
눈 녹듯이 깔끔히 사라지고

christmas 전날에 내린 마력의 눈은
나를 순결한 소녀로 장식하였다
merry christmas!

새벽 기도

나는 신년 초 큰 계획으로 365일 새벽기도에
참례하겠다고 하나님께 약속하였다
온갖 어려움과 고통의 시련이 나를 엄습할 때
새벽기도에 참석하여 하나님께 실토하면
위로와 지혜를 얻게 되어
일상생활에 평온함을 누리게 된다

오늘 새벽은 목사님이 출타 중이다
교회 키를 가진 나는 새벽 먼동이 틀 무렵
4마일 걸어서 교회 본당에 들어왔다
희미한 불빛 아래 엎드려 기도하였다
온다고 한 여집사를 사뭇 기다렸지만
교회에 들어오는 인기척은 없었다

교회 주변에는 묘지가 있다
어느 여집사는 묘지가 있는 교회가 무서워
새벽기도에 못 온다고 하였다
365일 새벽기도 참례하려고
안간힘을 다해 목사님 없이 혼자 기도하는데…
옆에서 기도를 엿듣는 것 같아서 묵상만 하였다

밖에는 바람소리 물건 뒹구는 소리 들렸다가
잠잠해지기를 반복한다
몸이 오싹해졌다

순간 번쩍 하와는 남편 없을 때
사탄마귀에게 유혹당한 일이 생각났다
목소리 높여 찬송 불렀다
땀이 송글송글 이마에 맺힌다

365일 새벽기도에 참례한 성취감은
한량없이 감개무량하다
새벽은 물러가고 환한 햇빛이 부챗살처럼 퍼지는
아침 빛을 안고 집에 왔다

출타에서 집에 온 목사님께
혼자 새벽기도 드리고 왔다고 보고하였다

복음의 씨

강렬한 태양 빛이 내리쪼이는 7월의
뜨거운 햇살 몸에 안고
한 영혼이라도 구원받아 영생 소유하도록
복음의 씨를 뿌렸네
게네사렛 호수가에 서신 예수님

깊은 데로 가서 그물을 던져라
베드로 배에 오른 주님 생각나서
'진리와 생명의 길'을 전해주였네

농부의 뿌리는 씨는 유한한 것
주님의 복음의 씨는 무한한 것
주님 영접하라고 복음의 씨
동족이 모여드는 마트에서
사람들을 붙들고 전단지 손에 쥐어주였네

복음의 씨는 단비로 자란 후
사랑의 꽃이 피어
성령의 열매로 영생을 얻게 된다네

여름 한낮 강한 햇빛에

목이 타고 땀이 이마에 흥건히 젖어 흘러나와도
아랑곳없이 부끄러움 개이치 않고
낯선 사람에게 웃으면서
구원받아 그대 이름 생명록에 기록되기를
멀리서도 기도할게요

오! 주님 홀로 영광 받기에 합당하옵니다
아멘

칭찬에 새 힘을 얻다

마트에서 앞치마 입은 중년 아줌마
잡채 한 팩 들고 방금 만든 잡채라
싱싱하고 맛있다며 딸에게 사라고 권한다

딸은 아주머니 말 못 들은 척
엄마가 만든 잡채가 제일 맛있다고 칭찬한다
그리고는 엄마의 얼굴을 힐끗 바라본다
나이 들어 기력이 쇠잔하지만
딸의 말에 새 힘이 불끈 솟아 올라와
잡채 만들 생각이 머리에서 번쩍였다
시금치 당근 파 송이버섯 목이버섯 양파 돼지고기를
따로따로 볶아냈다
당면은 삶아서 찬물에 헹궈 물기를 빼고
프라이팬에 올리브 오일을 살짝 둘러 냈다
왜간장 끓여 간 맞춘 후 식초약간 뿌리고
볶아놓은 재료를 잘 배합하여 골고루 섞었다

나이든 핑계로 귀찮아서 만들지 않았는데
엄마가 만든 잡채가 맛있다는 말에
젊었을 때 힘 끓어 올려와
수월하게 잡채를 만들었다

가족은 한 상에 둘러앉아 맛있게 먹는 모습
바로 여기가 낙원인 듯하다
잡채와 터키로 추수감사절
오늘 하루가 정말 행복하다

천둥 번개 치는 저녁

초가을 검은 구름이 짙게 하늘 둘러싸이더니
굵은 소낙비가 쏟아진다
권투선수의 큰 주먹으로 나뭇가지를 후려친다
꽃들의 얼굴은 흙탕물로 뒤틀려지고
물에 잠겨 호흡 곤란 상태에 가만히 엎디어 있다

캄캄한 저녁의 천둥 번개
끔찍한 두려움에 가슴을 움츠린다
큰 뇌성이 어두움 가르면서
빛이 번쩍하며 천둥소리 요란하다
전쟁터를 방불한다

지은 죄 회개하라고 뇌성을 지르는가
혼자 있는 어두운 방에 전기까지 나갔다

지옥이 따로 없다
빛이 없는 어두운 곳에 맹인이 따로 없구나
더듬더듬 위층에 올라가 초를 찾았는데 성냥이 없다
난감하기 짝이 없다
움직이지 못하고 죽은 듯이 있으려니 답답하다

<

소낙비 천둥소리 그치니 번쩍하고 전기가 들어왔다
지옥에서 헤매다가 천국에 온 기분
정말 황홀한 기쁨을 맛 보았다

천국은 어두움 없는 곳
빛과 기쁨이 밤낮없이 맑고 밝은 곳

성지순례에서

갈릴리 바다를 횡단하며
선장의 배려로 한국 태극기가 계양될 때
순례자의 일행은 사랑하는 모국을 그리워하였습니다
국기를 향하여 가슴 뜨겁고 힘차게
애국가를 불렀습니다
이스라엘 땅에도 조국의 얼이
생생하게 펼쳐지기를 간절히 소망하였습니다

헬몬산 높은 꼭대기에 사철 쌓여있는 눈은
햇빛에 반사되어 다이아몬드처럼 광채가
사방으로 찬란한 빛이 발산되었고
헬몬산은 장엄하게 우뚝 서 있었습니다
갈릴리를 중심으로 기록영화를 감상하였습니다
제3국어로는 한국어가 처음이라 하였습니다
한국어로 이스라엘 역사와
예수님의 생애의 행적과 사역에 대한 기록영화가
한국어로 된 것이 참으로 놀랍도록 감격하였습니다

예수님이 갈릴리에 오셔서
소경이 눈 뜨는 것을 나도 본 것처럼
예수님 따르는 무리 속에 끼어있는 나도

주님의 능력에 놀라 소리 높여 찬양했습니다

600만 학살 기념관*에서 죄 없는 어린아이들이
죽음의 개스실 지하로 들어갈 때
코르작 선생님은 주위시가 아닌 풀란드사람인데
아이들과 같이 개스실로 들어가는 것을
문 입구에서 군인이 완강히 말렸지만
내 사랑하는 학생들과 천국에 같이 가겠다고
지하실 개스실로 들어갔습니다
코르작 선생님의 동상에서 사진 촬영하면서
죄 없는 어린아이들과 훌륭하신 선생님의 희생은
이루 말할 수 없는 감격이었습니다

지혜와 지식의 근원이신
창조주 하나님 성지를 순례하면서 큰 감명은
나 자신이 신앙적으로
깡충 자란 것 같은 감격에 놀랐습니다

누가복음 13장 29절
사람들이 동·서·남·북으로 와서
하나님 잔치에 참석하리니
이 말씀에 묵상하였습니다
성지순례에 가기 전 성경을 읽고 가서

---

* 유대인의 참혹한 학살 중에 150만 명은 어린이라 함.

모든 것이 생소하지 않아서
모든 것이 의심 없는 믿음을 가지게 되었습니다
그리고 이승이 끝나면
영원한 하나님 나라에 갈 수 있다는
소망의 신념을 가지게 되었습니다

작품해설

노력은 성공의 어머니란 말을 인증하는 시

김 순 진(문학평론가 · 고려대 평생교육원 교수)

작품해설

노력은 성공의 어머니란 말을 인증하는 시

김순진(문학평론가 · 고려대 평생교육원 교수)

나는 행사 때나 제자들에게 자주 하는 말이 있다. "학력과 배경 자랑은 고만고만한 사람들끼리 때 따지는 것으로 부단히 노력하는 사람을 당해낼 수 없다."는 말이 그 말이다. 박경리 소설가는 고졸의 학력으로 『토지』를 40년 동안 써내셨다고 한다. 누가 그녀를 고졸이라 깎아내리겠는가? 40여 년 동안 한 작품에 매달려 마침내 완성하신 박경리 소설가 앞에 우리는 그저 감탄과 존경의 마음을 보낼 뿐이다. 유인자 시인이 그렇다. 그녀는 1973년에 미국으로 온 가족이 다 같이 이민을 갔다. 그러니 그녀가 미국에서 살아온 세월은 벌써 만 50년이 되었다. 학창시절에 문예반에서 써낸 시를 가지고 시인이었던 지도교사께서 "유인자는 시인이 될 가능성이 있다."고 말씀하셨고, 유인자 시인은 그 말을 가슴속에 넣고 살아왔다.

미국이란 특수성은 영어로 살아야 하는 사회다. 그런 사회에서 50년 동안 살아오면서 한국말을 잃어버리는 사람이라 해도 그리 흉이 되지 않을 것인데, 유인자 시인은 한국말을 잃어버리기는커녕, 한국말 쓰기에 더욱더 정진하여, 시인이 되고 수필가가 되었다. 게다가 지난해 말에 수필집 『하나님 품에서 일군 행복』을 출간해 주변 사람들로부터 존경과 부러움의 대상이 되셨고, 이제 시집 『분만 왕진 가던 날』이란 시집을 펴내심으로써, 그의 문학이 완성되고 있다.

그동안 나는 출판사를 운영하면서 미국, 캐나다, 호주 등지에 이민 가서 살고 있는 교포들의 시집을 무수히 펴내왔다. 대부분 고향과 부모님을 그리는 시집이었고, 그 작품의 수준도 겨우 우리말을 잃어버리지 않은 수준의 작품들일 수밖에 없음에 안타까움을 속으로만 삭이고 있었다. 그런데 이번에 유인자 시인이 보내온 시집 원고를 받아들면서 나는 정말 깜짝 놀랐다. 지난 20여 년 동안 대학 강단과 문화센터 등지에서 강의해온 내가 본 유인자 시인의 시편들은 대한민국 중앙문단에 내놓아도 조금도 손색이 없는 매우 빼어난 작품들이었기 때문이다. 연세가 83세나 되신 미국이민 50년 되신 분이 이토록 완성도 높은 시를 써내 시집을 펴낸다는 것은 거의 불가사의한 일로 그동안 시를 향한 그녀의 바램이 얼마나 컸었는지를 가늠할 수 있다. 우리는 진실로 간구하면 이뤄진다는 진리를 유인자 시인의 시를 통해 확인할 수 있을 것이다. 유인자 시인의 시는 음풍농월이나 모천회귀 본능의 발현이 아니라 치열했던 삶의 중계이며, 지속적으로 견지해온 사랑과 봉사의 증거이다. 그럼 이쯤에서 유인자 시인의 시 몇 수를 읽으면서 그녀의 문학세계를 여행해보자.

먹구름이 몰려오는 오후 3시 구름 사이로
희미한 햇빛이 숨바꼭질하듯 사이사이로 얼굴을 내민다
피잣집 소년은 팔다 남은 빵 덩어리를 잔디 위에 멀리 멀리 던진다
그 냄새에 도취된 기러기 가족
참새 까마귀 이름 모르는 새떼들이 순식간에 몰려와
빵을 쪼아먹는 데만 온 정신이 팔려 있다
하늘 위를 빙빙 돌던 독수리 한 마리
높은 나무 꼭대기에 내려앉아
무엇인가 골몰하게 깊은 생각에 잠긴다

땅 아래를 내려다보는 독수리는 어린 기러기한테 눈독을 들이고
총알처럼 내려와 새끼 한 마리를 순식간에 움켜쥐고 날아간다
놀랜 어미는 소리치고 서로 빼앗으려고 싸운다
독수리가 움켜쥔 새끼는 땅에 떨어졌다
어미는 오랜 시간을 새끼 죽음을 지켜보면서
검은 구름이 바람과 소낙비가 천둥 번개가 걷잡을 수 없이 요란하여도
부동자세로 죽은 새끼를 물에 떠밀려가지 못하게
날개 속에 넣고 비를 맞고 있다

햇볕 바른 언덕에 묻어준 은인을 찾아온 어미의
꽉 소리로 아픔을 다스린 여름날 오후다

– 「어느 기러기의 여름 오후」 전문

누구에게나 자식은 소중하다. 특히 어머니에게 자식이란 죽음과도 바꿀 수 있는 소중한 존재다. 그러한 모성은 동식물에게도 모두 똑같이 존재한다. 아버지는 농사를 좋아하셨다. 태어나서 자란 고향에서 한 번도 주소를 옮겨 나가 살지 않고 자연사하셨는데, 아버지는 농사처럼 남는 장사가 어디 있느냐고 늘 말씀하셨다. 옥수수 한 알을 심으면 최소 300알 이상의 옥수수 3톳이 달리니 1,000 : 1의 수확량이다. 벼 한 알도 심으면 몇 개의 가지를 쳐서 1,000 : 1 이상의 수확량이 나온다. 그러니 정말 수지맞는 장사가 아닐 수 없다. 농작물은 제 안에 모성을 담아서 스스로 번식해가지만, 물오리나 논병아리는 뱀과 독수리 등의 천적으로부터 새끼를 지켜내야 한다. 그래서 닭은 알을 품는 21일과 그 앞의 1주일 정도 곧 한 달여 동안을 먹지도 않고 알을 품어낸다. 자연은 인간에게 가장 큰 스승인데, 유인자 작가가 관찰한 기러기 역시 독수리의 공격으로부터 자기의 새끼를 빼앗기지 않으려고 사력을 다해 덤벼보지만 결국 독수리 발로 움켜쥐었던 새끼는 목숨을 잃고, 그걸 묻어준 사람에게 은인처럼 감사를 표하는 것을 관찰하게 되는데, 이 시에는 유인자 시인은 품안의 자식들을 길러 출가시킨 모성이 그대로 드러나 있다. 올해는 유인자 시인이 미국에 이민한 지 50년 째 되는 해이다. 그러면 우리말을 잃어버릴 것도 같은데, 그런 시점에 이처럼 완성도 높은 시로 등단하고 현대시단의 시와 버금가는 시집을 낸다는 것은 거의 기적과 같은 일이다. 함께 보내온 작품도 모두 수준이 높아 스토리문학이 빛나 보인다.

황금 물결치는 넓은 들녘
농촌 좁은 가을 길을 자전거로 친구와 같이
분만 왕진을 가는데 마음이 급하다
빨리빨리 페달을 밟는다
뒤따라오는 친구는 숨이 차다며
천천히 가자고 소리친다
나는 못 들은 척 더욱 빨리 페달을 밟는다

조산원을 기다리는 가족들은 애가 타
이마에 손 얹어 노을 지는 서쪽 하늘을 바라보다가
흰옷 입은 유니폼 보고 반가워 소리친다
여기에요 여기에요
며칠 전부터 산고로 고통 중이란다
좁은 터널에서 머리통이 들락거린다
힘들고 지친 땀 전신에 물 흐른다
턱 잡고 옆으로 돌려 무를 뽑듯이 조심스럽게 뽑아냈다
엷은 푸른 몽고반점의 아기는 미끌미끌하다
손가락을 갈고리 모양을 만들어
거꾸로 들고 엉덩이를 쳐야 하는데
친구는 못 하겠다고 고개를 돌린다

가슴과 손은 떨려 요동치는 숨을 고르며
아이를 거꾸로 들고 엉덩이 쳤다
앵-하고 숨통 열리는 고고의 소리에
하늘에도 아기별이 탄생했다

- 「분만 왕진 가던 날」 전문

내 아내는 간호조무사로 모유수유 전문병원에 근무하고 있다. 젊은 초보 엄마들에게 모유 수유를 가르치고 아이들을 캐어하는 일을 하고 있는데 너무나 행복해한다. 늘 아기들을 만나고 아기들의 울음소리를 잠재우는 일을 하는데, 나는 아내를 보며 그처럼 숭고한 일이 없다는 생각을 한다. 그런데 유인자 시인 역시 간호사로 젊음을 보내신 분이다. 아마도 산부인과 전분 간호사였던 것 같다. 그녀는 미국에 이민해서도 널싱홈이란 병원에 근무하면서 수많은 아기를 받아냈을 것이다. 게다가 가끔은 이렇게 집에서 아기를 낳는 산모들의 분만을 돕기 위한 왕진을 다니기도 했나 보다. 나는 이 시를 이 시집의 제목으로 택했고, 유인자 시인도 너무 좋다고 했다. 해저물녘에 두 사람이 하얀 가운을 입고 자전거를 탄 채 저녁노을을 가르며 왕진을 가고 있는 풍경이 눈에 선하다. 왕진을 기다리는 산모의 가족들은 눈 위에 손을 대 눈부신 저녁노을을 가리고 언제 오나, 목을 빼고 바라보고 있는 풍경 역시 너무나 아름다운 풍경이다. "여기에요 여기에요"부르는 것으로 보아 한국 교민의 가족인 것 같다. 며칠 전부터 산통을 앓고 있었다니 얼마나 힘들었을까? 나는 남자라 아이를 낳아본 경험이 없어 산모 고통의 깊이는 정확히 알 수 없으나 짐작할 수 있을 것 같다. 수십 년 해온 노련한 간호사 유인자 시인은 당황하지 않고 산모와 가족을 진정시키며 훌륭히 아기를 받아내, 거꾸로 들고 엉덩이를 친다. "앵-" 이 세상에 이렇게 아름다운 소리가 있을까? 이 세상에 태어나 처음 우는 소리 “앵-”! 최근 나는 외손녀를 보아 첫돌을 보냈다. 예뻐도 너무너무 예쁘다. 아내도 ‘외손녀가 그렇게 예쁠 줄은 몰랐다.’며 누누이 이야기한다. 이 세상이 아무리 아름다워도 아기를 낳지 않으면 소용이 없다. 대를 이을 인재를 길러내야만 문명도 문화도 가능하다. 그런데 요즘 젊은이들은 딜레마에 빠졌다. 도무지 취업하기가 하늘에 별따기다. 취업을 해야 연애도 하고 결혼도 할 텐데, 돈을 벌 수 없으니 모든 꿈을 포기해야만 한다. 그래서 생긴 3포세대니, 5포세대니, 7포세대니 하는 말이 그들의 힘든 환경을 대변해준다. 3포세대는 연애, 결혼, 출산을 포기한 세대라는 뜻이라니 정말 가슴 아픈 말이다. 게다가 5포세대는 집과 취업을 포기한 세대이며, 7포세대는 희망과 인간관계를 포기한 세대라 하니 취업이 얼마나 힘들면 그런 말이 생겨났을까 가슴이 아프다. 젊은이들이 자유로운 연애는 보장되어야 한다. 그러기 위해서는 컴퓨터화된, 그래서 사람이 필요 없는 공업을 지향하는 현대사회의 발전은 악순환의 고리로 제 발목을 잡는 격이니 아이러니하다.

여름철이면 가족의 피서지는 수영장에서
더위를 시키고 손자들과 물놀이하면서
추억도 쌓고 즐기면서 여름을 보냈었는데
세상은 걷잡을 수 없는 두려움과 공포가 난무한
죽음으로 몰고 가는 참혹한 코로나 때문에
2년 동안 수영장 문 닫았다

그런데 수영장에서 개구리 울음소리가 들린다
초대한 일 없는 불청객 도적같이 들어와
수영장 점령하고 밤이면 시끄럽게 울어댄다
남편은 휴식을 방해한다고 당장 없애라고 성화다
아들은 동물학대법에 걸린다면서
쉬는 날 처리한다고 한다

일 주가 지난 밤 우렁차고 굵직한 소리로
밤마다 울어서 시끄러웠다
귀 기울여 들어봤다
개구리 소리가 아닌 수컷 두꺼비가
목 터지도록 구애하는 처량한 소리다
수컷 세 마리는 밤 8시가 되면 울기 시작한다
암컷을 못 찾아 몇 날을 울어도 목만 아프고
우리의 휴식만 방해하였다

다행이다 개구리라 올챙이가 부화되었다면
수영장은 개구리 서식장 되고 영업은 망칠 뻔했다
두꺼비는 낮에는 보이지 않고 울지도 않는다
밤 8시 울기 시작할 때 망으로 잡아서
암컷 찾아서 결혼하라고 밤중에 냇가로 보내주었다

-「불청객」 전문

시에 있어 불청객 하면 크게 세 가지의 불청객이 떠오른다. 하나는 말 그대로 불청객인 밤손님 도둑이다. 또 하나는 불면증을 불청객으로 많이 부른다. 잠을 자야 하는데, 아무리 잠을 청해도 도무지 잠이 오지 않을 때

우리는 불청객이라 한다. 그리고 나머지 하나는 모기다. 잠을 못 자게 웽웽거리며 날아다니는 모기는 정말 불청객이 아닐 수 없다. 그런데 유인자 시인의 댁에 온 불청객은 일반인들이 상상할 수 없는 존재였다. 다름 아닌 두꺼비다. 유인자 시인은 집에는 가족들이 여름이면 피서하며 즐길 수 있는 수영장이 있나 보다. 요즘은 인터넷 쇼핑몰에서 튜브로 된 수영장을 구입할 수 있어서 설치가 용이하고 사용이 편해졌지만, 미국에 이민한 사람들 사이에는 집안에 수영장이 있은 저택을 장만하는 것이 롤모델처럼 여겨져 왔고, 유인자 시인 댁에도 그런 수영장이 있나 보다. 그런데 그 수영장은 그냥 가족만 사용하는 곳이 아니라 영업을 해서 외부인들까지 사용을 하는 수영장인가보다. 그 수영장을 사용하려고 초여름에 보니 수영장의 물 고인 곳에 초대하지 않은 손님들이 와 있었다. 개구리인가 하고 자세히 바라보았더니 두꺼비들이었다. 요즘은 우리나라도 동식물보호법에 따라 개구리를 잡다 걸리면 200만 원의 벌금을 내야 한다고 한다. 과거에는 봄철이면 산에 겨울잠을 자고 물을 먹으로 내려오는 뱀을 잡으려고 뱀꾼들이 망을 쳐서 일망타진하는 걸 봤다. 계곡에 물이 떨어지는 작은 폭포에 개구리망을 쳐서 북방산개구리들을 일망타진해 잡는 것도 보았다. 산에 올무를 놓아 마구잡이로 산토끼를 잡고, 콩알을 바늘로 파내고 극약인 청산가리를 넣어 꿩을 잡아먹던 시절이 있었지만, 이제는 그런 수렵을 하다 보면 동물보호법에 저촉돼 불이익을 당할 수도 있거니와,

이젠 살기도 좋아져서 쇠고기 돼지고기를 구매하 먹을 뿐 거의 수렵을 하지 않는다. 유인자 선생의 가족이 두꺼비들을 냇가로 보내준 사실도 이를 뒷받침하며, 우리 한국사람들이라 해도 두꺼비 가족을 다른 곳으로 옮겨 살려주었을 것 같다.

9월이 오면 등과 얼굴에 흐르던
굵직한 땀방울이 아버지 몸에서 사라진다
심고 가꾼 벼들은 고개 숙여 추수를 기다리고 있다
환한 기쁨의 향기가 아버지 얼굴에 진동한다
봄에 태어난 노랑 병아리 제법 커서 중닭이 되었다
돼지에게 점심 주는 어머니는 돼지
덩치가 많이 컸다고 흐뭇해하신다
아마 오빠 결혼 때 한몫 잡으시려나 보다
동네 사람들은 농작물과 가축들이 잘된다며
특별한 비결이 무엇이냐며 칭찬하고 부러워한

아버지 대답은 간단하다
게을러서는 안 되고 부지런 해야 되며
농부는 시기와 때를 놓치면 안 되고
새벽 일찍 기상해야 되는 법이라고

그래서 해마다 농토를 아버지는 확장시켰었구나
이제야 아버지 말씀을 기억하는 나는
부지런한 사람이 되는 습관을 가지려 애쓰는 중이다

－「부지런한 사람」 전문

유인자 시인은 부지런한 사람이다. 그녀의 삶을 옆에서 지켜보지는 않았지만, 그동안 미국에 이민해서 정착하고 성공하기까지 한시도 쉬지 않고 살아왔을 것 같다. 수영장이 있고 세를 줄 수 있는 저택을 장만하려면, 여러 아이들을 기르고, 가르치고, 결혼시키려면 조금도 쉴 틈이 없이 살아오셨을 것이다. 새벽에 일어나 새벽기도를 다니는 사람은 가난할 수가 없다. 부지런히 사는 사람은 큰 부자가 되지 않더라도 남의 집에 쌀을 꾸러 가고 잔돈푼을 빌리러 가지 않는다. 유인자 시인이 이렇게 부지런히 살아오셨던 밑바탕에는 부모님의 부지런함이 있었던 것 같다. 그런데 유인자 시인은 부모님의 부지런함을 표현하는 데도 매우 시적이다. "심고 가꾼 벼들은 고개 숙여 추수를 기다리고 있다 / 환한 기쁨의 향기가 아버지 얼굴에 진동한다"면서 늘 새벽이면 논밭에 나가 농작물을 돌보시는 아버지의 부지런함을 에둘러 표현한다. 게다가 집에서 가사를 돌보시는 어머니의 역할을 "봄에 태어난 노랑 병아리 제법 커서 중닭이 되었다 / 돼지에게 점심 주는 어머니는 돼지 / 덩치가 많이 컸다고 흐뭇해하신다"면서 집에서 기르는 암탉이 알을 품어 노랑병아리를 탄생시키고, 그 병아리가 중닭이 되어가는 과정을 중계방송함으로써, 시를 읽는 사람들을 그 시절 그 공간으로 데려간다. 게다가 돼지에게 쌀뜨물에 섞은 찬밥을 주면서 "덩치가 많이 컸다"고 미소를 띠는 어머니를 중계방송함으로써, 독자에게 관찰자로의 역할을 부여한다. 작품 후미에 결론 부분으로 나온 아버지의 답

"게을러서는 안 되고 부지런 해야 되며 / 농부는 시기와 때를 놓치면 안 되고 / 새벽 일찍 기상해야 되는 법"이라는 말씀은 비단 농사에만 적용되는 삶의 지혜는 아니다. 이 세상 모든 직업과 모든 일들이 이에 부합하는데, 아버지는 그런 농사철학으로 해마다 땅을 사는 쾌거를 이루시고, 어린 시절에 이를 보고 자란 유인자 시인은 또다시 자녀들에게 이를 전승시킨다. 이른바 부지런함은 그 집안의 내력이요 가풍이 된 것이다.

봄바람에 이끌려 작은 정원을 엿보고 있노라면
개나리는 극심한 추위를 물리치고 먼저 피었고
땅속 깊이 잠든 생명들 차례대로 호명하니
튤립 철쭉 앞다퉈 일어나네

남방에서 온 새들
씨앗 하나씩 입에 물고 와 텃밭에 씨 뿌리네
난 봄나들이 가고파 안달이 났네

손오공은 나를 데리고
두메산골 죄와 질병 없는 곳에 내려놓았네
온 지면은 꽃이 만발하여
벌과 나비 떼 우글거리는 깊은 산골짜기에
노래하는 새가 되어
자유로운 세상에서 만끽하는 나의 기쁨

악한 짐승 없는 곳
바위틈에서 생명수가

흘러나와 물 움켜 마시고 뒤돌아보니
손오공은 온 데 간 데 없네

－「손오공이 나를 데리고」 전문

어릴 적 MBC 라디오방송에서 나오는 어린이 연속극 <서유기>를 너무 재미있게 들었던 기억이 있다. 이는 중국의 오승은(吳承恩)이란 작가가 쓴 소설로 현장법사라는 스님이 인도에 가서 불경을 가져온 역사적 사실에 근거했다. 작품에서는 현장법사가 삼장법사로 바뀌어 나오는데 삼장법사는 인도로 가면서 세 명의 제자를 데리고 간다. 원숭이 형상을 한 손오공과 돼지 형상을 한 저팔계, 그리고 물귀신 형상을 한 사오정이 그들이다. 그런데 손오공을 제외한 두 명의 제자들은 갖은 해프닝을 벌이는 재미의 도우미이고 삼장법사는 지혜와 판단을 하는 존재이며, 손오공은 재주를 부리는 존재이다. 손오공은 "우랑바리나바람 빠따라까뿌라니아 커져라 얍!"이라며 여의봉에 주문을 걸어, 순간이동, 다량 확산, 바위 쪼개기 등 다양한 사건을 해결한다. 어린 나에게 "우랑바리나바람 빠따라까뿌라니아 커져라 얍!"은 후일 나온 TV 밀림드라마 <타잔>의 "아 아아아아 아아아아아."만큼이나 우리를 설레게 했다. 유인자 시인이 "봄바람에 이끌려" 찾아간 "작은 정원"은 손오공이 유인자 시인을 데리고 온 이상국가, 즉 이데아요 유토피아다. 손오공이 유인자 시인을 데려간 "그곳은 죄와 질병 없는 곳"으로 하나님께서 천지를 창조하시고 아담과 하와를 데려간 곳이다. 아직 선악과를 따먹기 전의 세상이었으니, 죄와 질병이 없는 곳이었을 터, 그녀는 하와, 즉 이브가 되는 꿈을 꾸는 것이다. 인간은 상상할 수 있는 유일한 동물이다. 이 세상에는 무수한 동물이 존재하지만 회상할 수 있는 동물, 즉 기억하고 말을 알아들으며 길이 드는 동물 소, 개, 말 등은 무수히 많으나, 상상하며 미래를 기획하는 동물은 사람이 유일하다. 더욱이 시라는 기능 중에는 회상의 기능, 현실보존의 기능뿐만 아니라 상상을 통한 더욱 아름다운 사회를 보여주는 기능이 매우 중요한데, 유인자 시인은 그 역할을 충실히 해내고 있는 것이다.

으슥한 밤중에 엎드려 촛불 켜놓고 기도하니
소리 없는 눈물이 옷자락에 흥건하게 젖어
축축해진 눈물로 오한이 일어난다
떨어지는 촛농은 등을 타고 밑바닥에 흘려지는
고통의 눈물 흔적이 쌓여만 간다

생사의 기로에 처한 환자가
회복되기 위한 나의 애절한 눈물은
작은 시냇물이 흘러가듯 끊임없이 흘려진다
차가운 밤공기는 내 몸을 맴돌고 가슴 떨리게 한다
누군가가 어깨를 툭툭 친다
소스라쳐 뒤돌아보았다
아무도 보이지 않는 하얀 밤이다
촛불은 녹아져 심지만 가물가물 꺼져간다

허둥지둥 급하게 입원실에 들어왔다
눈을 뜬 환자가 반갑게
여보! 왜 이제 왔어
당신을 얼마나 많이 기다렸는데…
핼쑥한 내 얼굴을 보고서
걱정하지마 곧 나아서 집에 갈 거야
도리어 나를 위로한다

촛불 기도가 기적을 일으켰는지
남편은 간호사에게 나의 부인이라고 소개한다
순간 처참하고 고통스런 눈물은 소멸되었고
남편과 소통되니 한없는 기쁨에
기적 같은 감격이 솟구친다

-「촛불 기도」 전문

앞서 말한 바와 같이 유인자 시인의 원래 직업은 간호사였다. 유 시인은 젊은 시절을 간호사 생활로 보냈다. 나의 아내도 같은 직종에서 일하고 있지만, 간호사라는 것이 그냥 전문적인 지식과 기술만 있다고 할 수 있는 것이 아니다. 우선 인내심이 있어야 한다. 분만할 때 나오는 비린내와 피비린내, 흥건한 핏물의 냄새를 맡고, 눈으로 보며 견뎌야 한다. 간호사의 일상은 늘 그런 상황에서 진행된다. 그래서 비유 약한 사람, 책임감 약한 사람, 인내심 약한 사람은 간호사를 할 수가 없다. 환자들은 늘 비명을 지르고 아프다고 울고, 기침을 해대며, 배변을 본다. 그런 상황을 견뎌서 한 생명이 태어나고, 한 생명이 죽음 직전에서 목숨을 회생해 다시 사는 것이다. 그런데 유인자 시인은 거기에서 그치지 않는다. 이 시로 보아 유인자 시인은 촛불을 켜놓고 두 손을 모아, 진심으로 온몸과 정성을 다하여 그 환자가 낫기를 하나님께 기도하는 것이다. 물론 이 시가 병상에 있는 남편을 위해 하는 촛불 기도이지만, 필시 유인자 시인은 다른 생명에게도 이렇게 절실한 기도를 했으리라. 기도가 얼마나 간절했으면 "소리 없는 눈물이 옷자락에 흥건하게 젖어 / 축축해진 눈물로 오한이 일어"났을까? "누군가가 어깨를 툭툭"쳐 "소스라쳐 뒤돌아보"면 "아무도 보이지 않는 하얀 밤이"었다는 유인자 시인의 증언은 간증이다. 울부짖으며 기도하고 있는 유인자 시인에게 하나님께서 '이제 됐으니, 너의 남편은 안 데려갈 테니 그만 일어나라'고 응답해주시며 부르신 것이다. 너무나 감사해서 '아멘' 소리가 절로 나온다.

초가을 검은 구름이 짙게 하늘 둘러싸이더니
굵은 소낙비가 쏟아진다
권투선수의 큰 주먹으로 나뭇가지를 후려친다
꽃들의 얼굴은 흙탕물로 뒤틀려지고
물에 잠겨 호흡 곤란 상태에 가만히 엎디어 있다

캄캄한 저녁의 천둥 번개
끔찍한 두려움에 가슴을 움츠린다
큰 뇌성이 어두움 가르면서

빛이 번쩍하며 천둥소리 요란하다
전쟁터를 방불한다

지은 죄 회개하라고 뇌성을 지르는가
혼자 있는 어두운 방에 전기까지 나갔다

지옥이 따로 없다
빛이 없는 어두운 곳에 맹인이 따로 없구나
더듬더듬 위층에 올라가 초를 찾았는데 성냥이 없다
난감하기 짝이 없다
움직이지 못하고 죽은 듯이 있으려니 답답하다

소낙비 천둥소리 그치니 번쩍하고 전기가 들어왔다
지옥에서 헤매다가 천국에 온 기분
정말 황홀한 기쁨을 맛보았다

천국은 어두움 없는 곳
빛과 기쁨이 밤낮없이 맑고 밝은 곳

-「천둥 번개 치는 저녁」 전문

며칠 전 송옥임 시인의 초등학교에 다니는 손녀딸 김민주 어린이가 시를 써서 보냈다고 자랑했다. "혼자 집에 있는데 천둥번개가 쳤어 / 혼자 있어서 얼마나 무서웠는지 / 덜덜 떨며 이불에 들어갔지 / 하지만 이제 천둥번개는 친구야 / 날 위로해주는 친구(하략)"라면서. 나는 그 시를 읽고 반성했다. 지금껏 천둥번개는 우리의 죄를 꾸짖으려는 것으로만 느껴왔다. 그런데 천둥번개도

무서워 집으로 따라오는 것을 김민주 어린이의 시에서 처음 알았다. 그래서 천둥번개를 감싸주면 천둥번개도 그 어린이를 위로해줄 거라고 생각한 어린이 생각이 참 기발하다. 시인에게는 예쁜 것, 아름다운 것, 좋은 것만 친구여서는 안 된다. 소외된 것, 작은 것, 버려진 것, 망가진 것, 시든 것, 낡은 것들에게 말을 걸고 친구를 해야 하는 것이다. 유인자 시인은 천둥번개가 쳐 전기까지 나가버린 캄캄한 집에 홀로 남게 된다. 얼마나 무서웠을까? 그런데 김민주 어린이의 천둥번개가 친구를 데려다 주었다면 유인자 시인의 천둥번개는 하나님의 나라를 알게 해주었다. "소낙비 천둥소리 그치니 번쩍하고 전기가 들어"오고 나니 정말 "지옥에서 헤매다가 천국에 온 기분"일 것이다. 그런데 대비하여 시인은 천국을 상상해 본다. "천국은 어두움 없는 곳 / 빛과 기쁨이 밤낮없이 맑고 밝은 곳"이리라. 그래서 모든 사람들이 천국을 갈망하고 선하게 살려고, 죄짓지 않으려고, 하나님께서 아시고 천국으로 부르실 때까지 기도하며 봉사하고 나누는 것이리라. 그런 일을 평생 해오신 유인자 시인은 필시 하나님께서 천국을 예약해주셨을 것 같다.

이상에서처럼 유인자 시인의 시 몇 수를 읽으면서 그의 시세계를 여행해보았다. 유인자 시인은 단순히 시를 좋아하는 수준이 아니라 본격적인 현대시를 추구하고 있어, 대한민국의 어느 시단에 내놓아도 손색이 없는 시편들이었다. 그의 시는 영혼이 자유로워서 아무런 말이나 아무런 소재를 가지고 와도 모두 진리로 통한다. 그의 시 속에는 진실, 즉 경험을 바탕으로 한 스토리가 들어있어서 재미가 있으며, 감동을 불러온다. 게다가 그의 시는 나이가 들어서 외롭다거나 고향이 그립다며 징징거리지 않고, 자연현상을 관조하면서 스스로를 성찰해내는데 목적을 둔다. 그래서 그의 시를 읽으면 과연 이 시집이 팔십 노인이 쓴 시인가 저절로 감탄이 나온다.

유인자 시인의 시를 크게 세 가지로 요약한다면, 첫 번째로 그의 시에는 생명존중 사상이 깃들어 있다. 그녀는 기러기든 오리든 사슴이든 두꺼비든 모든 생명을 귀히 여긴다. 그래서 꺼져가는 생명의 심지를 돋우며, 떨어진 오리 가족을 이어주며, 두꺼비 가족을 소중히 옮겨준다. 두 번째로 그의 시에는 봉사정신이 깃들어 있다. 산부인과에서 태어난 아이나, 세탁소에 온 손님이나, 가족에 이르기까지 그는 진심을 다해 희생하고 봉사한다. 세 번째로 그의 시에는 하나님의 박애정신이 깃들어 있다. 그의 시에 있어 모든 사람은 존귀하고 보호받아야 하며, 사랑받아야 한다는 진리가 깃들어 있어 그의 시를 읽으면 어느새 아늑한 하나님 품에 안긴 듯 평안해진다.

시집을 정리하고 교정하며 시가 너무 훌륭해서, 자연을 사랑하고 동화될 수 있어서 행복했다. 이처럼 훌륭한 시집을 출간하시는 유인자 시인께 축하의 말씀을 전해드린다.

유인자 시집

분만 왕진 가던 날

초판발행일 2022년 09월 05일

지은이 : 유인자
발행인 : 김순진
편집장 : 전하라
디자인 : 김초롱
펴낸곳 : 도서출판 문학공원
등　록 : 2004년 3월 9일 제6-706호
주　소 : 우편번호 03382 서울 은평구 통일로 633
녹번오피스텔 501호 스토리문학사
전　화 : 02-2234-1666
팩　스 : 02-2236-1666
홈페이지 : http://www.munhakpark.com/
이메일 : 4615562@hanmail.net

※ 책값은 뒤표지에 있습니다.